CB142680

100 receitas de ARROZ

Coleção **L&PM** Pocket

Leituras afins:

100 RECEITAS DE MACARRÃO – S. Lancellotti (vol. 305)

160 RECEITAS DE MOLHOS – S. Lancellotti (vol. 306)

100 RECEITAS LIGHT – Helena e Ângela Tonetto (vol. 307)

100 RECEITAS DE SOBREMESAS – Celia Ribeiro (vol. 308)

MAIS DE 100 DICAS DE CHURRASCO – Leon Diziekaniak (vol. 309)

100 RECEITAS DE ACOMPANHAMENTOS – Carmen Cabeda (vol. 310)

MAIS RECEITAS DO ANONYMUS GOURMET – J. A. Pinheiro Machado (vol. 290)

NOVAS RECEITAS DO ANONYMUS GOURMET – J. A. Pinheiro Machado (vol. 250)

RECEITAS DE YAYÁ RIBEIRO – Celia Ribeiro (vol. 285)

COZINHA CLÁSSICA – Sílvio Lancellotti (vol. 327)

Aninha Comas

100 receitas de ARROZ

www.lpm.com.br
L&PM POCKET
GASTRONOMIA

Coleção **L&PM** POCKET, vol. 335

1ª edição na Coleção **L&PM** POCKET: setembro de 2003

Capa: L&PM Editores
Revisão: Renato Deitos, Jó Saldanha e Flávio Dotti Césa
Editoração: Jó Saldanha

ISBN: 85.254.1332-1

C728c Comas, Aninha
100 receitas de arroz / Aninha Comas. -- Porto Alegre : L&PM, 2003.
140 p. ; 17 cm. (Coleção L&PM Pocket)

1.Gastronomia. 2.Arte culinária-receitas. I.Título. II.Série.

CDU 641.55(083.12)

Catalogação elaborada por Izabel A. Merlo, CRB 10/329.

© Aninha Comas, 2003
Todos os direitos desta edição reservados à L&PM Editores
Porto Alegre: Rua Comendador Coruja 314, loja 9 - 90220-180
Floresta - RS / Fone: (0xx51) 3225.5777
informações e pedidos: info@lpm.com.br
www.lpm.com.br

Impresso no Brasil

Índice

Apresentação

O arroz, prato tão conhecido do gaúcho, é feito de várias maneiras. Ele assusta um pouco, pois as pessoas têm dificuldades em fazê-lo bem *al dente* e soltinho; geralmente ele fica como não gostamos (unidos venceremos). Tudo isso por causa da proporção de água e azeite que deve ser colocada para o cozimento. Existem várias correntes em relação a isso: a dos dois dedos de água acima do arroz ou uma xícara de arroz para duas xícaras de água (nesta proporção, o arroz fica muito cozido), e muitas outras.

A quantidade de azeite é muito importante, e o arroz deve ser bem frito nele para que fique solto e com brilho. Existem pessoas que lavam o arroz, mas hoje este hábito está desaparecendo, porque, com as novas tecnologias, o arroz já vem devidamente higienizado. Quanto à água, também existem controvérsias, se deve ser adicionada quente ou fria. Eu prefiro a água quente, se estiver com pressa para que o arroz fique pronto, se não uso a fria.

O arroz é básico, pois pode ser misturado com quase tudo, daí essa infinidade de receitas. Partindo da receita básica que vou dar, poderemos criar as cem receitas seguintes. A quantidade de água ou de outro tipo de líquido pode aumentar um pouco quando o arroz levar ingredientes que precisem cozinhar também. Por exemplo: o carreteiro leva o charque, aí aumentamos um pouco a água.

Existem alguns tipos de arroz que requerem mais quantidade de água, como o integral, o selvagem, o arbório e outros tantos, para os quais oportunamente darei a proporção certa.

Com toda a experiência que tenho, me considero doutora na área e tenho receitas bem precisas para se fazer um arroz no ponto (estou falando de arroz tipo 1, grão longo e fino). Durante muito tempo, e depois de várias receitas de arroz praticadas, porque sou apaixonada por arroz *al dente* e solto, cheguei à conclusão de que não tem nada melhor que o arroz *al dente* comido da própria panela ou a raspa de arroz meio queimadinha; troco qualquer coisa por arroz. E vou ensinar para vocês a receita exata para que ele fique *al dente*. A proporção dessa receita é de um quilo para doze pessoas. É bem generosa, não tenham medo de que falte arroz.

Arroz selvagem

O arroz selvagem é o top, o máximo. Já foi raro, mas hoje em dia podemos encontrá-lo nos bons supermercados e nas lojas de especialidades. Mesmo assim, ainda não é muito conhecido. É uma iguaria dos deuses, com seus grãos negros, longos e finos. De gosto acastanhado, geralmente é feito junto com o arroz branco. Para mim, não é a melhor maneira de fazer, pois ele fica divino preparado sozinho. Normalmente é misturado porque seu preço é muito alto, mas o chique é fazer sozinho, porque seu sabor maravilhoso pode ser mais bem degustado. O arroz selvagem é perfeito para acompanhar carnes em geral, mas particularmente acho um maravilhoso acompanhamento para patos, vitelas ou pombos.

A maneira de fazer não é muito diferente do arroz comum, só leva um pouco mais de água e é mais demorado para cozinhar, porque seu grão é muito duro. Ao contrário do arroz comum, ele não rende muito. Calcule uma xícara de arroz para duas pessoas. Ah, e por favor não faça como alguns chefes, que o cozinham como se fosse massa e depois escorrem a água. Para mim, isso é um dos pecados mortais da cozinha.

Risoto

Como sou apaixonada por arroz, o risoto é um dos meus pratos prediletos. O verdadeiro risoto é feito com o arroz arbório ou carnaroli. O arroz arbório é o mais conhecido arroz da Itália. Teve sua origem na Lombardia e na região do Piemonte, no norte do país. É famoso por seu grão perolado, longo, largo e arredondado. Sua cremosidade é uma glória. A maneira de preparar também é outro diferencial deste arroz. Geralmente o cozinhamos adicionando um caldo de carne, ou de galinha, ou de frutos do mar ou de vegetais. Vai se incorporando o caldo e mexendo sempre, até que os grãos absorvam o líquido e o sabor dos temperos. E à medida que é mexido e cozido ele vai liberando o amido, que o deixa supercremoso, mas com os grãos *al dente* e separados. A quantidade certa de líquido é importante para que o arroz fique cremoso, mas *al dente*, por isso tenho uma receita básica de risoto. Depois é só adicionar o ingrediente escolhido. É um prato que não espera por ninguém. Quando estiver pronto, deve ser servido bem úmido e imediatamente, acompanhado de um bom queijo parmesão ralado na hora ou misturado a ele ainda no fogão.

Para fazer um bom risoto, lembre-se de três coisas importantes: não coloque muito líquido de uma só vez; só coloque mais líquido quando o que foi colocado antes já tiver sido absorvido; e mexa, mexa, mexa, mexa. E mais uma vez: o *risoto deve ficar bem úmido, como se fosse um mingau.*

Quanto ao caldo a ser utilizado, sei que os melhores caldos são feitos em casa e de uma maneira bastante simples, mas demorada. Coloca-se para ferver com bastante água e alguns vegetais a carne de sua preferência, deixando ferver até que reduza pela metade. Isso requer algum tempo, como já disse. Portanto, e porque sou prática e não esqueço que vivemos no século XXI, não posso ignorar que os caldos prontos concentrados, que podem ser diluídos em água quente, sem nenhum trabalho para o cozinheiro ou a cozinheira, são uma boa opção.

Outro conselho para quem gosta de fazer risotos é sempre ter na geladeira cebolas liquidificadas ou raladas e uma boa pasta de alho. Como os risotos sempre levam esses ingredientes, tê-los prontos simplifica muito a vida na cozinha.

Além disso, para fazer o risoto é importante uma boa panela; ela deve ser espessa, de preferência de alumínio fundido ou de ferro loçado, tipo *le creuset* (francesa) ou *copco* (dinamarquesa), ou então de aço inox com fundo triplo ou as da linha london da Tramontina.

Uma outra dica interessante com relação a um ingrediente da receita básica do risoto: o vinho. Se você não tem um bom vinho, pode usar o vermute branco seco. É ótimo de se ter na cozinha, pois substitui bem o vinho branco e com uma vantagem: abrimos a garrafa e ele não estraga. Um mau vinho pode deixar o risoto muito ácido.

Para preparar um bom risoto com todo sucesso é importante organização, deixando todos os ingredientes separados e perto do fogão. Por exemplo: o caldo deve estar pronto, na medida de necessária, antes de começarmos a preparar o risoto. Se usar o caldo de carne em tabletes, use água quente para diluí-lo.

Arroz branco – Receita básica
(12 pessoas)

1kg de arroz tipo 1 grão longo
7 e ½ xícaras de água ou 1,3 litro de água
1 colher (sopa) de sal
1 xícara rasa de azeite

Modo de fazer:

Leve ao fogo uma panela média com o azeite, deixe aquecer um pouco e coloque o arroz, mexendo sempre até que ele frite, aí coloque o sal e a água quente o fria. Nesse momento, abaixe o fogo e tampe a panela – em arroz não se mexe –, mas fique controlando para que não queime; quando a água secar, o arroz estará pronto.

Arroz à grega
(8 pessoas)

½kg de arroz
½ xícara de azeite
3 e ½ xícaras de água quente
1 colher (chá) de sal
200g de cenouras cruas raladas grossas
100g de vagens cortadas bem fininhas
150g de passas de uvas
100g de presunto magro picado
50g de manteiga ou margarina

Modo de fazer:

Leve ao fogo uma panela com o azeite, deixe esquentar, então coloque o arroz e frite um pouco, mexendo bem. Junte o sal e a água quente ou fria e mexa mais um pouco. Tampe a panela, baixe o fogo e cozinhe até que seque a água. Em outra panela, ponha a manteiga, leve ao fogo e deixe derreter e então adicione as passas, mexendo sempre, depois as vagens e por fim as cenouras. Mexa bem por mais uns minutinhos e junte o arroz, que já deve estar cozido. Misture muito bem, para que não fique embolotado. Sirva como acompanhamento para qualquer tipo de carne.

Arroz à piemontesa
(6 pessoas)

Para o arroz básico:
½kg de arroz
½ xícara de azeite
1 colher (chá) de sal
3 e ½ xícaras de água

300g de cogumelos naturais
350g de nata natural misturada c/ 1 colher (chá) de maisena
200g de queijo ralado
1 colher (sopa) de manteiga
1 pitada de pimenta-do-reino branca

Modo de fazer:

Cozinhe o arroz como a receita básica. Lave e corte os cogumelos em fatias finas. Numa panela, coloque a manteiga, deixe fritar e junte os cogumelos, mexendo sempre, até que seque um pouco da água. (Usamos os cogumelos naturais, porque o prato fica mais saboroso; eles vão escurecer um pouco, mas é normal. Os cogumelos no fogo soltam muita água, por isso deixe cozinhar por uns sete minutos para que a água seque. Não tampe a panela, para que a evaporação da água seja mais rápida. E se depois de todos estes conselhos você não se convencer, use então os cogumelos em conserva.) Depois que a água secar, junte a nata e coloque a pimenta-do-reino e uma pitada de sal. Pegue a panela do arroz, que já deve estar pronto, e junte os cogumelos com a nata já misturada com a maisena, mexendo bem até ficar cremoso. Aí acrescente o queijo ralado, que deve começar a formar fios por causa do calor do arroz. O arroz deve ficar bem molhadinho. E então está na hora de servir.

⊠ Lembre-se de que este tipo de prato não espera por ninguém: o arroz tem que ser feito na hora e servido em seguida, para não esfriar. Senão fica ruim.

Arroz al pesto
(8 pessoas)

½ kg de arroz tipo 1 cozido como na receita básica
1 litro de leite
350g de nata
50g de maisena

1 colher (sobremesa) rasa de sal
2 xícaras de folhas de manjericão liquidificadas
¼ de xícara de azeite de oliva
1 pitada de pimenta

Modo de fazer:

Misture a nata, o leite, a maisena, o sal e a pitada de pimenta. Leve ao fogo, mexendo sempre, até engrossar. Junte o manjericão previamente liquidificado com o azeite de oliva e misture tudo com o arroz quente. Este arroz é delicioso e tem um aroma dos deuses. Pode ser servido com um parmesão por cima.

Arroz carregado
(10 pessoas)

½kg de arroz
½kg de charque picado
½kg de lingüiça picada
1 maço de couve cortado em tirinhas
3 cenouras em cubos
1 xícara de cebola
2 dentes de alho esmagados
4 xícaras de água
sal, pimenta e tempero verde

Modo de fazer:

Coloque a panela de ferro no fogo para aquecer. Quando estiver bem quente, frite o charque em sua própria gordura e, a seguir, a cebola e o alho, refogando bem. Então junte a lingüiça e frite mais um pouco. Adicione o arroz, frite-o também e coloque a água. Tampe a panela e baixe o fogo. Quando a água do arroz estiver quase seca, coloque a cenouras e a couve, misturando tudo muito bem, e sirva na própria panela com tempero verde por cima.

Arroz com abacaxi
(6 pessoas)

½kg de arroz
½ xícara de azeite
2 e ½ xícaras de água
1 xícara de suco de abacaxi
1 colher (chá) de sal
1 abacaxi picado (ou uma lata grande de conserva)

Modo de fazer:

Cozinhe o arroz conforme a receita básica, mas junte a xícara de suco de abacaxi com a água. Cozinhe por uns dez minutos e coloque o abacaxi em pedaços. Misture, tampe a panela e cozinhe mais um pouco até que a água seque.

Arroz com açafrão
(6 pessoas)

½kg de arroz
½ xícara de azeite
½ colher (sopa) de pistilos de açafrão ou 1 envelope de *paellero*
3 e ½ xícaras de água quente
1 colher (sopa) de manteiga
1 colher (chá) de sal

Modo de fazer:

Coloque o açafrão de molho nas três xícaras e meia de água quente por trinta minutos ou dissolva o conteúdo de um envelope de *paellero* na água quente. Depois disso, faça o arroz conforme a receita básica, utilizando a água do açafrão ou do *paellero.* Quando o arroz estiver cozido, junte a colher de manteiga, misturando bem. Sirva acompanhando carnes em geral.

Obs.: O *paellero* é um produto importado, mas é mais econômico que o açafrão, tendo o mesmo efeito.

Arroz com alho-poró
(6 pessoas)

½kg de arroz
½ xícara de azeite de oliva
3 e ½ xícaras de água
1 colher (chá) de sal
2 alhos-porós

Modo de fazer:

Corte os alhos-porós em rodelas até a parte bem verde das folhas. Lave bem e escorra. Numa panela, coloque o azeite de oliva, deixe aquecer e junte as rodelas de alho-poró. Frite um pouquinho e, a seguir, coloque o arroz, fritando mais um pouco. Então coloque o sal e a água, mexa um pouco, tampe a panela e baixe o fogo. Quando a água secar, o arroz estará pronto.

Arroz com amêndoas e passas de uvas
(8 pessoas)

½kg de arroz tipo 1 grão longo ou arroz *basmati* (arroz indiano tradicional)
½ xícara de azeite
1 xícara de cebola ralada
3 dentes de alho picados
1 xícara de amêndoas picadas e sem pele
1 xícara de passas de uvas
1 pedaço de canela em casca
1 folha de louro
1 colher (chá) de sal
3 e ½ xícaras de água

Modo de fazer:

Numa panela média, coloque o azeite, aqueça um pouco e deixe dourar levemente a cebola e o alho. Junte as amêndoas e as passas. Coloque também o louro e a canela, frite um pouco mais e adicione o arroz. Frite por mais três minutos e junte a água e o sal, mexendo um pouco. Tampe a panela e baixe o fogo. Quando a água secar, sirva em seguida. Este prato é um tradicional acompanhamento para frango com *curry*. Você pode adicionar a este arroz galinha desfiada ou peixe.

Arroz com azeitonas
(6 pessoas)

½kg de arroz
½ xícara de azeite de oliva
½ xícara de cebola liquidificada ou ralada
4 dentes de alho
200g de azeitonas sem caroço
2 e ½ xícaras de água
25 folhas de manjericão fresco
1 xícara de vinho branco ou vermute branco seco
1 colher (chá) de sal

Modo de fazer:

Leve ao fogo uma panela com o azeite, aqueça bem, junte a cebola e o alho e deixe fritar. Quando estiverem dourados, junte as azeitonas, frite mais um pouco e coloque o arroz. Frite mais um pouco e coloque a água, o vinho e o manjericão. Tampe a panela e baixe o fogo. Quando a água secar, o arroz estará pronto. Sirva em seguida.

Arroz com brócolis
(8 pessoas)

½kg de arroz
½ xícara de azeite de oliva
3 e ½ xícaras de água
2 colheres (sopa) de cebola ralada ou liquidificada
2 dentes de alho picados
2 molhos de brócolis
1 colher (chá) de sal

Modo de fazer:

Limpe os brócolis, corte os tufos e aproveite as folhas menores, cortando-as fininhas que nem couve. Numa panela, coloque o azeite de oliva para aquecer, junte o alho e a cebola, refogue até que fritem e acrescente o arroz, mexendo sempre. Frite mais um pouco e então coloque as folhas do brócolis cortadinhas, o sal e a água, tampe a panela e baixe o fogo. Um pouco antes de a água secar, coloque os tufos de brócolis, misture bem, e apague o fogo quando a água secar totalmente.

Arroz com camarão
(8 pessoas)

Para a receita básica:
½kg de arroz
½ xícara de azeite
3 e ½ xícaras de água
1 colher (chá) de sal

1kg de camarão pré-cozido
4 colheres (sopa) de azeite
50g de manteiga
2 dentes de alho picados
1 xícara de cebolas liquidificadas
1 xícara de polpas de tomate
1 colher (sopa) de pimentões picadinhos
1 xícara de água
sal e pimenta vermelha a gosto

Modo de fazer:

Numa panela, faça o arroz conforme a receita básica. Em outra panela, coloque o azeite e a manteiga e refogue a cebola, o alho, os pimentões e as polpas de tomate até que fritem, então coloque uma xícara de água, tempere com sal e pimenta e só aí junte o camarão. Cozinhe por dois minutos, misture muito bem com o arroz ainda quente e sirva.

Arroz com cereja
(6 pessoas)

½kg de arroz
½ xícara de azeite
2 e ½ xícaras de água
1 xícara de vinho branco
250g de cerejas
1 colher (chá) de sal

Modo de fazer:

Leve ao fogo uma panela com o azeite, aqueça-o, junte o arroz, fritando-o. Coloque as cerejas e um pouco do caldo junto, acrescente o vinho e a água, mexendo um pouco, e depois o sal. Tampe a panela, baixe o fogo e, quando a água secar, o arroz estará pronto. Sirva com pratos de carne, como porco, vitela, patos e frangos.

Arroz com champanhe e amêndoas
(8 pessoas)

Para a receita básica:
½kg de arroz
½ xícara de azeite
3 e ½ xícaras de champanhe brût
1 colher (chá) de sal

200g de amêndoas sem casca
50g de manteiga

Modo de fazer:

Numa panela, faça o arroz conforme a receita básica, colocando o champanhe em vez da água. Enquanto o arroz cozinha, corte as amêndoas em lascas e coloque a manteiga em uma panela, deixando derreter até fritar. Passe as amêndoas na manteiga e em seguida junte-as ao arroz pronto.

Arroz com Coca-Cola
(6 pessoas)

½kg de arroz integral
200g de castanhas-do-pará laminadas
½ xícara de azeite
4 xícaras de Coca-Cola
1 pitada de sal

Modo de fazer:

Leve ao fogo uma panela, coloque o azeite e deixe esquentar um pouco. Junte o arroz e as castanhas, frite um pouco e acrescente a Coca-Cola. Mexa bem, tampe a panela, baixe o fogo e, quando o líquido secar, o arroz estará pronto. Se ficar muito *al dente,* pode colocar mais Coca-Cola. Dê uma olhada no arroz, de vez em quando, para não queimar. Fica uma delícia, ideal para acompanhar carnes de porco, vitela ou um filé *mignon*.

🖂 Pode-se usar a Coca-Cola que perdeu o gás, dá o mesmo resultado.

Arroz com cogumelos frescos e brócolis
(8 pessoas)

½kg de arroz
½ xícara de azeite de oliva
½ xícara de cebola ralada ou picada
2 dentes de alho
300g de cogumelos frescos
200g de tufos de brócolis
3 e ½ xícaras de água
1 colher (chá) de sal

Modo de fazer:

Lave os cogumelos, corte-os em fatias e reserve. Numa panela, leve ao fogo o azeite, aqueça bem e frite a cebola com o alho. Adicione então os cogumelos e frite mais um pouco. Junte o arroz, refogue por uns quatro minutos e acrescente a água e o sal, mexendo um pouco. Tampe a panela e baixe o fogo; quando o arroz estiver quase cozido, coloque os brócolis, misture bem e cozinhe por mais uns cinco minutos.

Arroz com coração de alcachofra

(6 pessoas)

½kg de arroz
½ xícara de azeite de oliva
½ xícara de cebola ralada ou picadinha
3 dentes de alho picados
10 folhas de manjericão
300g de corações de alcachofra em conserva
3 e ½ xícaras de água
1 colher (chá) de sal
½ xícara de nata
1 pitada de pimenta moída na hora

Modo de fazer:

Numa panela, coloque o azeite e leve ao fogo, aquecendo bem. Junte a cebola, o alho e o manjericão, depois a alcachofra, e mexa bem até que fritem. Depois junte o arroz, mexa um pouco, adicione o sal, a pimenta e a água, tampe a panela e baixe o fogo. Quando estiver quase pronto, coloque a nata. Misture bem, cozinhe por mais dois minutos e sirva.

Arroz com couve e bacon
(8 pessoas)

½kg de arroz
½ xícara de azeite
2 molhos de couve
200g de *bacon* picadinho
4 dentes de alho
3 e ½ xícaras de água
1 colher (chá) de sal

Modo de fazer:

Lave a couve e corte-a bem fininha, reserve. Numa panela, coloque o *bacon* para fritar, junte o arroz e frite mais um pouco, depois coloque a água e o sal, mexendo bem. Tampe a panela e baixe o fogo para cozinhar lentamente. Quando estiver quase sem água, coloque a couve, mexendo bem, e sirva imediatamente.

Arroz com curry e passas
(8 pessoas)

Para a receita básica:
½kg de arroz
½ xícara de azeite
3 e ½ xícaras de água
1 colher (chá) de sal

2 colheres (sopa) de *curry*
300g de passas de maçãs ou peras

Modo de fazer:

Cozinhe o arroz conforme a receita básica e, quando for adicionar a água, coloque junto o *curry* e as passas das frutas, mexendo bem. Tampe a panela e baixe o fogo. Quando a água começar a secar, sirva. Deve ficar bem úmido.

Arroz com curry
(6 pessoas)

½kg de arroz
½ xícara de azeite
½ xícara de cebola liquidificada
2 colheres (sopa) de *curry*
1 colher (chá) de sal
3 e ½ xícaras de água
2 maçãs verdes em cubos com a casca

Modo de fazer:

Leve ao fogo uma panela com o azeite, aqueça bem e refogue a cebola até que fique dourada. Então coloque o arroz e frite mais um pouco, adicionando a água, o *curry*, a maçã em cubos e o sal. Mexa bem, tampe a panela, baixe o fogo e deixe cozinhar até que a água seque.

Arroz com damascos
(8 pessoas)

½kg de arroz
½ xícara de azeite
3 e ½ xícaras de água
1 colher (chá) de sal
300g de damascos em tirinhas

Modo de fazer:

Prepare o arroz conforme a receita básica, mas fritando o damasco cortado em tirinhas junto com o arroz. Serve como acompanhamento para lombinho de porco e vitela.

Arroz com ervilhas e presunto
(8 pessoas)

Para a receita básica:
½kg de arroz
½ xícara de azeite
3 e ½ xícaras de água
1 colher (chá) de sal

1 colher (sopa) de cebola liquidificada
1 colher (sopa) de manteiga
400g de ervilhas naturais
200g de presunto gordo em tirinhas
200g de nata fresca
pimenta a gosto

Modo de fazer:

Cozinhe o arroz conforme a receita básica. Enquanto isso, numa frigideira, refogue a cebola com a manteiga, junte as ervilhas, frite um pouco e acrescente o presunto, mexendo mais um pouco, e então junte a pimenta e a nata. Nesse momento, o arroz já deve estar pronto. Misture tudo e sirva.

Arroz com espinafre
(6 pessoas)

½kg de arroz
1kg de folhas de espinafre
3 e ½ xícaras de água
½ xícara de azeite de oliva
1 cebola pequena liquidificada
2 dentes de alho amassados
1 colher (chá) de sal
100g de manteiga
100g de queijo ralado

Modo de fazer:

Liquidifique o espinafre com a água, leve ao fogo uma panela com o azeite e refogue a cebola com o alho até que fiquem bem dourados. Junte o arroz, mexendo sempre até fritar, depois acrescente o espinafre batido com a água e o sal. Mexa bem, tampe a panela, baixe o fogo e deixe cozinhar até que seque a água. Nesse momento, coloque a manteiga e o queijo ralado, misture bem e sirva quente. Excelente acompanhamento para pratos de carnes em geral.

Arroz com frango e cogumelos
(8 pessoas)

½kg de arroz
3 xícaras de água
½ colher (chá) de sal
1 frango cortado em pedaços e temperado com sal e alho
300g de cogumelos frescos, lavados e cortados
100g de manteiga
2 xícaras de vinho branco
1 xícara de cebola liquidificada
1 colher (sopa) de estragão
pimenta-do-reino a gosto

Modo de fazer:

Numa panela de bom tamanho, coloque a manteiga e junte a cebola até que doure bem. Junte o frango e refogue bem por uns dez minutos. Então coloque os cogumelos e refogue por mais uns cinco minutos. Nesse momento, adicione o arroz, o estragão, o sal, a pimenta, o vinho branco e a água, misture tudo muito bem, tampe a panela e baixe o fogo. Quando o arroz estiver cozido, está pronto o prato. Este prato pode ser feito com arroz parboilizado.

Arroz com frutas secas
(8 pessoas)

½kg de arroz
½ xícara de azeite
3 e ½ xícaras de água
1 colher (chá) de sal
½kg de frutas secas (peras e damascos)
1 colher (sopa) de manteiga

Modo de fazer:

Numa panela, leve ao fogo o azeite, deixe aquecer e coloque o arroz e as frutas secas. Frite um pouco e junte o sal e a água. Mexa um pouco e tampe a panela, baixe o fogo e cozinhe até que a água seque. Nesse momento, adicione a manteiga, dê uma misturada e sirva. É um prato delicioso e serve para acompanhar carnes em geral.

Arroz com ***funghi*** *secos*

(8 pessoas)

Para a receita básica:
½kg de arroz parboilizado
½ xícara de azeite
3 xícaras de água
1 colher (chá) de sal

1 xícara de vinho branco
100g de *funghi* secos
1 pote de nata fresca

Modo de fazer:

Lave bem os *funghi* em água corrente para tirar a terra. Hidrate-os de um dia para o outro com uma xícara de vinho branco. No dia seguinte, inicie o preparo do arroz conforme a receita básica. Depois de fritar o arroz, coloque os *funghi* com o vinho e adicione a água. Tampe a panela, baixe o fogo e, quando estiver cozido, adicione a nata, misturando muito bem, e sirva. Ótimo acompanhamento para filés e rosbifes.

Arroz com galinha
(6 pessoas)

½kg de arroz
1 galinha caipira
2 xícaras de cebolas picadas
2 dentes de alho esmagados
1 colher de extrato de tomate
4 e ½ xícaras de água
1 folha de louro
tempero verde e pimenta a gosto
1 colher (chá) de sal
½ xícara de alho

Modo de fazer:

Corte a galinha em pedaços e tempere de preferência de um dia para o outro. Para preparação da galinha, coloque no fogo uma panela de ferro e aqueça por dez minutos. Depois disso coloque o azeite, então junte a cebola e o alho para dourar bem, depois o extrato de tomate e então a galinha, mexendo sempre. Refogue por alguns minutos e, quando a galinha estiver bem frita, junte o arroz, frite um pouco e coloque a água e a folha de louro. Mexa um pouco mais, adicione o sal e a pimenta, tampe a panela, baixe o fogo e deixe cozinhar até a água secar um pouco, pois o arroz de galinha fica melhor bem molhado. Coloque o tempero verde por cima.

Arroz com galinha e aspargos
(8 pessoas)

Para o arroz básico:
½kg de arroz
½ xícara de azeite
1 colher (chá) de sal
3 e ½ xícaras de água

200g de aspargos escorridos
2 peitos de frango ou a mesma quantidade de sobras de frango assado
1 cebola média ralada
1 lata de creme de leite
1 pitada de pimenta-do-reino branca
1 colher de margarina

Modo de fazer:

Tempere o frango com sal e pimenta de véspera. Doure bem a cebola com o azeite. Refogue o frango, junte a água para cozinhar. Quando estiverem cozidos, reserve, deixe esfriar e desfie-os. Faça o arroz conforme a receita básica, colocando os aspargos para cozinhar junto. Quando estiver pronto, misture com a galinha, adicione o creme de leite e sirva em seguida. Este prato pode ser sem acompanhamento.

Arroz com laranja
(8 pessoas)

½kg de arroz
½ xícara de azeite
2 xícaras de aipo picado
1 xícara de água
2 e ½ xícaras de suco de laranja
1 colher (sopa) de cascas de laranja raspadas
1 colher (chá) de sal
1 pitada de açúcar

Modo de fazer:

Aqueça o azeite em uma panela, frite o arroz e junte o aipo. Frite por mais três minutos e adicione o suco da laranja e a água, as raspas de laranja, o sal e o açúcar. Misture bem, tampe a panela, baixe o fogo e deixe cozinhar até que a água seque. Sirva com carnes brancas em geral.

Arroz com legumes
(8 pessoas)

Para a receita básica:
½kg de arroz
½ xícara de azeite
3 e ½ xícaras de água
1 colher (chá) de sal

¼ de xícara de azeite
2 dentes de alho picados
1 colher (sopa) de gengibre ralado
1 xícara de tomates em cubos sem sementes
1 pimentão amarelo cortado em cubinhos
100g de cogumelos em fatias
200g de ervilhas naturais
½ xícara de molho de soja misturado com
1 colher (chá) de maisena

Modo de fazer:

Cozinhe o arroz conforme a receita básica. Enquanto isso, leve uma panela *wok* ao fogo, aqueça por uns cinco minutos, coloque o azeite, esquente bem e junte o alho e o gengibre. Refogue por trinta segundos, adicione os tomates, o pimentão, os cogumelos e as ervilhas, mexendo sempre, por mais quatro minutos, e então junte o molho de soja com a maisena. Adicione o arroz, que já deve estar pronto, misture bem e sirva.

Arroz com leite de coco
(6 pessoas)

½kg de arroz
½ xícara de azeite
2 xícaras de leite de coco
1 e ½ xícara de água
1 colher (chá) de sal
1 pitada de açúcar

Modo de fazer:

Cozinhe o arroz conforme a receita básica, colocando o leite de coco junto com a água e a pitada de açúcar junto com o sal. Cozinhe em fogo baixo até que a água seque.

Arroz com lentilha

(8 pessoas)

Para a receita básica:
½kg de arroz
½ xícara de azeite
3 e ½ xícaras de água
1 colher (chá) de sal

300g de lentilhas
4 colheres (sopa) de manteiga
½ xícara de cebola picadinha
4 dentes de alho
1 folha de louro

Modo de fazer:

Cozinhe a lentilha bem *al dente*, escorra a água e refogue-a com a manteiga, a cebola, o alho e o louro e reserve. Cozinhe o arroz conforme a receita básica. Quando estiver pronto, junte com a lentilha, misturando bem, e sirva.

Arroz com manga
(6 pessoas)

½kg de arroz
½ xícara de azeite
1 xícara de suco de manga
2 e ½ xícaras de água
1 colher (cafezinho) de sal
2 mangas cortadas em pedaços
1 colher (sopa) de manteiga

Modo de fazer:

Numa panela, frite o arroz com o azeite, coloque a água e o suco de manga, tempere com o sal, tampe a panela e baixe o fogo. Quando o arroz estiver quase cozido, junte os pedaços de manga, misture bem e adicione a manteiga. Cozinhe por mais uns dois minutos e sirva, acompanhando carnes, como vitela, frango e porco.

Arroz com massa cabelinho de anjo

(8 pessoas)

300g de arroz
200g de massa cabelinho de anjo
½ xícara de azeite
3 e ½ xícaras de caldo de galinha
1 colher (chá) de sal

Modo de fazer:

Coloque o azeite numa panela, leve ao fogo e deixe esquentar. Aí coloque a massinha bem quebrada e frite até ficar bem dourada. Junte o arroz, frite mais um pouco e adicione o caldo de galinha e o sal. Misture tudo muito bem, tampe a panela, baixe o fogo e deixe cozinhar até secar o caldo. A massa cabelinho de anjo também é chamada de *litria*. Este prato é de origem árabe.

Arroz com miúdos de galinha
(8 pessoas)

Para a receita básica:
½kg de arroz
½ xícara de azeite
3 e ½ xícaras de água
2 colheres (chá) de sal

1kg de miúdos (fígado, coração e moela)
4 colheres (sopa) de azeite de oliva
50g de manteiga
2 dentes de alho picadinhos
1 xícara de cebola ralada ou liquidificada
2 colheres (sopa) de polpas de tomate
folhas de manjericão
sal e pimenta a gosto

Modo de fazer:

Faça o arroz conforme a receita básica. Enquanto ele cozinha, leve ao fogo uma panela com o azeite de oliva, aqueça bem e coloque a cebola e o alho para fritar. Quando estiverem dourados, junte as polpas de tomate e o manjericão e frite mais um pouco. A seguir, coloque as moelas e o coração, refogue por uns oito minutos e então junte os fígados e refogue por mais oito minutos. Tempere com sal e pimenta e acrescente o arroz, misturando bem. Sirva em seguida. Este prato pode ser servido sem acompanhamento.

Arroz com nata e milho

(6 pessoas)

Para o arroz:
½kg de arroz
3 e ½ xícaras de água
½ xícara de azeite
1 colher (chá) de sal

1 lata pequena de milho verde
2 colheres (sopa) de cebolas liquidificadas
50g de margarina
350g de nata
1 colher (sobremesa) de maisena

Modo de fazer:

Faça o arroz conforme a receita básica, bem *al dente*. Numa panela à parte, refogue o milho com a margarina e a cebola. Quando o arroz estiver cozido, misture o milho previamente refogado com a nata já misturada com a maisena, mexendo tudo muito bem, e sirva.

É importante que o arroz esteja bem quente e recém-feito, para o prato ficar mais gostoso.

Arroz com origones
(6 pessoas)

½kg de arroz
½kg de origones (pêssegos secos)
1 pitada de sal
1 pitada de açúcar
½ xícara de azeite
4 xícaras de água

Modo de fazer:

Coloque os origones de molho em um pouco de água por umas quatro horas. Leve ao fogo uma panela com o azeite, deixe aquecer, coloque o arroz, mexendo sempre até fritar, junte os origones previamente escorridos, o sal e o açúcar, refogue mais um pouco e adicione a água quente. Tampe a panela, baixe o fogo e cozinhe até que seque a água.

Arroz com ovos
(6 pessoas)

Para a receita básica:
½kg de arroz
½ xícara de azeite
3 e ½ xícaras de água
1 colher (chá) de sal

6 ovos
2 colheres (sopa) de manteiga
sal

Modo de fazer:

Faça o arroz conforme a receita básica. Numa frigideira, derreta a manteiga, coloque os ovos, tempere com sal e mexa bem. Quando estiverem cozinhando, junte o arroz e continue mexendo, até ficarem bem misturados. Sirva em seguida.

Arroz com páprica
(6 pessoas)

½kg de arroz
½ xícara de azeite
½ xícara de cebola picada ou ralada
1 colher (sopa) de extrato de tomate
2 colheres (sopa) de páprica picante
1 colher (chá) de sal
1 pitada de pimenta preta moída na hora
3 e ½ xícaras de água
1 xícara de nata fresca

Modo de fazer:

Numa panela, leve ao fogo o azeite, aqueça bem e junte a cebola, mexendo sempre até que frite. Depois disso, acrescente o extrato de tomate, frite por mais três minutos e junte o arroz. Frite mais um pouco e adicione a páprica, o sal, a pimenta e a água, mexendo bem. Tampe a panela, baixe o fogo e cozinhe até que a água seque. Nesse momento, junte a nata fresca, mexa bem e sirva com carnes vermelhas.

Arroz com passas de bananas
(6 pessoas)

½kg de arroz
½ xícara de azeite
3 e ½ xícaras de água
1 colher (chá) de sal
400g de bananas secas cortadas em rodelas

Modo de fazer:

Leve ao fogo uma panela com o azeite, deixe aquecer, coloque o arroz, frite um pouco e junte as bananas. Coloque o sal, mexa um pouco e junte a água. Tampe a panela e baixe o fogo. Quando a água secar, estará pronto.

Este prato é excelente para acompanhar carne de porco, vitelas e patos.

Arroz com passas de uvas
(6 pessoas)

½kg de arroz
½ xícara de azeite
3 e ½ xícaras de água
1 colher (chá) de sal
300g de passas de uvas brancas

Modo de fazer:

Prepare o arroz conforme a receita básica, colocando as passas junto com o arroz e fritando um pouco. Junte a água, tampe a panela, baixe o fogo e, quando a água secar, estará pronto. Sirva com peixe, vitela, frango e carne de porco.

Arroz com peixe
(6 pessoas)

½kg de arroz
½ xícara de azeite
1 xícara de cebola liquidificada
1 colher (chá) de sal
3 e ½ xícaras de água
½kg de filés de peixe bem firme (anjo ou congro)
½ xícara de vinho branco
folhas de coentro
pimenta
2 tomates picados sem semente

Modo de fazer:

Numa panela, leve ao fogo o azeite, deixe aquecer e adicione a cebola e o alho para refogar. Quando estiverem dourados, junte os tomates, refogue mais um pouco e acrescente o arroz. Dê uma boa refogada e depois adicione o peixe. Mexa suavemente para não desmanchar, adicione a água e o vinho, tempere com sal e pimenta, tampe a panela e coloque em fogo baixo até que o arroz seque. Sirva como prato único.

Arroz com peras
(8 pessoas)

Para a receita básica:
½kg de arroz
½ xícara de azeite
3 e ½ xícaras de água
1 colher (chá) de sal

½kg de peras em conserva
200g de nata natural
1 colher (chá) de maisena

Modo de fazer:

Cozinhe o arroz conforme a receita básica. Quando estiver pronto, junte as peras cortadas em cubos e a nata previamente misturada com a maisena. Misture tudo muito bem e sirva com pratos de carne que pedem acompanhamento mais adocicado, como, por exemplo, frangos, lombinho de porco, vitela e cordeiro.

Arroz com pesto
(6 pessoas)

Para o arroz:

½kg de arroz

½ xícara de azeite de oliva

3 e ½ xícaras de água

1 colher (chá) de sal

4 colheres (sopa) de *pesto*

Para o *pesto*:

1 copo de liquidificador bem cheio de manjericão

1 xícara de azeite de oliva

2 alhos

50g de nozes

Modo de fazer:

Liquidifique todos os ingredientes do *pesto* e reserve. Cozinhe o arroz conforme a receita básica. Quando estiver pronto, junte as quatro colheres de *pesto*, mexendo bem, e sirva. Se sobrar *pesto*, coloque em um vidro com azeite formando uma camada por cima e guarde na geladeira, assim o pesto não vai mofar. Ele é muito usado em massas.

Arroz com pimentão vermelho e azeitonas pretas

(6 pessoas)

Para a receita básica:
½kg de arroz
½ xícara de azeite
1 colher (chá) de sal
3 e ½ xícaras de água
4 colheres (sopa) de azeite de oliva
1 pimentão vermelho cortado em tirinhas
3 dentes de alho
1 xícara de azeitonas sem caroço cortadas
½ xícara de tomates secos cortados
½ xícara de cebolinha verde picada
pimenta moída na hora

Modo de fazer:

Cozinhe o arroz conforme a receita básica. Enquanto isso, em outra panela, coloque o azeite de oliva e refogue o alho e o pimentão, mexendo bem. Junte as azeitonas. Cozinhe por mais dois minutos e coloque os tomates secos e a cebolinha, temperando com a pimenta. Mexendo sempre, refogue por mais três minutos e junte ao arroz, que já deve estar cozido. Sirva em seguida. Pode acompanhar carnes em geral.

Arroz com pinhão
(6 pessoas)

½kg de arroz
1kg de pinhões cozidos, descascados e picados
½ xícara de azeite
1 colher (chá) de sal
4 xícaras de água

Modo de fazer:

Leve ao fogo uma panela com o azeite, deixe aquecer e coloque o arroz para fritar. A seguir, adicione os pinhões, frite mais um pouco, junte o sal e a água, mexa bem, tampe a panela, abaixe o fogo e deixe cozinhar até que a água seque.

Arroz com tâmaras
(6 pessoas)

½kg de arroz
100g de manteiga
3 e ½ xícaras de água
1 xícara de vinho branco
1 colher (chá) de sal
1 pitada de açúcar
300g de tâmaras

Modo de fazer:

Leve ao fogo uma panela, coloque a manteiga, deixe-a derreter, junte as tâmaras e em seguida o arroz. Refogue mais um pouco e adicione o vinho, a água, o sal e o açúcar, mexendo bem. Tampe a panela e baixe o fogo, deixando cozinhar até que a água seque. Sirva como acompanhamento de peixes, vitelas e carne de porco.

Arroz com tomate e queijo parmesão
(8 pessoas)

½kg de arroz
½ xícara de azeite de oliva
½ xícara de cebola ralada ou picadinha
4 dentes de alho picadinhos
¼ de xícara de purê de tomates
½kg de tomates sem pele (podem ser os de lata)
1 colher (chá) de sal
3 e ½ xícaras de água
200g de queijo parmesão ralado
100g de manteiga

Modo de fazer:

Numa panela, aqueça bem o azeite e junte a cebola e o alho. Frite um pouco e coloque o arroz, fritando mais um pouco. Adicione o purê de tomates e os tomates pelados, misture tudo muito bem, junte a água e o sal, mexa bem, tampe a panela, baixe o fogo e cozinhe até que a água seque. Então, adicione a manteiga e o queijo, misturando tudo muito bem, e sirva bem quente.

Arroz com tomates secos

(8 pessoas)

½kg de arroz
½ xícara de azeite de oliva
3 e ½ xícaras de água
1 colher (chá) de sal
2 dentes de alho amassados
300g de tomates secos cortados

Modo de fazer:

Numa panela, coloque o azeite, deixe aquecer um pouco, junte o alho e deixe-o dourar. Adicione o arroz e os tomates, frite mais um pouco, coloque a água, tampe a panela e baixe o fogo. Quando a água secar, estará pronto. Sirva como acompanhamento de carnes em geral.

Arroz com vegetais baby
(8 pessoas)

Para a receita básica:
½kg de arroz
½ xícara de azeite
3 e ½ xícaras de água
1 colher (chá) de sal

50g de manteiga
2 colheres (sopa) de cebola ralada
1 dente de alho picadinho
200g de cenouras baby
200g de milhinhos baby em conserva
100g de brotos de feijão
100g de vagem baby

Modo de fazer:

Faça o arroz conforme a receita básica. Enquanto ele cozinha, leve ao fogo uma panela com a manteiga, deixe derreter e frite a cebola e o alho. A seguir, refogue os vegetais baby e os brotos de feijão rapidamente e junte ao arroz, que já deve estar pronto. Misture bem e sirva.

Arroz crocante
(8 pessoas)

½kg de arroz
½ xícara de azeite
3 e ½ xícaras de água
1 colher (chá) de sal
200g de batata palha

Modo de fazer:

Cozinhe o arroz conforme a receita básica. Quando estiver pronto, solte-o bem com um garfo e misture a ele a batata palha.

Arroz de bacalhau
(8 pessoas)

Para o arroz básico:
½kg de arroz
½ xícara de azeite
3 e ½ xícaras de água
½ colher (chá) de sal

½kg de bacalhau
300g de cebola em rodelas
3 dentes de alho picados
200g de brócolis
¼ de xícara de azeite de oliva
1 pitada de pimenta-do-reino

Modo de fazer:

Coloque o bacalhau de molho em água por 24 horas, trocando-a umas quatro vezes. Depois disso, desfie-o e reserve. Cozinhe o arroz conforme a receita básica. Enquanto isso, coloque o azeite de oliva numa panela, deixe aquecer e junte as cebolas e o alho, mexendo sempre até que fiquem bem dourados. Nesse momento, acrescente os brócolis e, mexendo sempre, cozinhe por uns cinco minutos. Junte o bacalhau desfiado, misture tudo muito bem, cozinhe mais um pouco e então misture com o arroz, que já deve estar pronto, e sirva em seguida.

Este prato é único, dispensa acompanhamento.

Arroz-de-carreteiro

(8 pessoas)

½kg de arroz
1kg de charque
2 cebolas picadas
pimenta vermelha a gosto
4 xícaras de água

Modo de fazer:

Corte o charque em pedaços pequenos e coloque-o de molho de um dia para o outro, trocando a água umas quatro vezes. Depois pique o charque, lave-o bem em água corrente, para tirar o excesso do sal, e leve ao fogo com bastante água até que comece a aparecer uma espuma branca. Escorra a água e enxágüe, e então o charque estará sem excesso de sal. Coloque uma panela, de preferência de ferro, no fogo, esquente-a por alguns minutos e aí frite a cebola até que fique bem dourada. Depois disso, acrescente o charque e mexa, fritando-o bem na sua própria gordura, pois é assim que o gaúcho faz quando está no campo. Então junte o arroz e frite mais um pouco. Adicione a pimenta picadinha e junte a água fervendo. Mexa muito bem e prove para ver se precisa colocar um pouco de sal. Tampe a panela, abaixe o fogo e deixe cozinhar até que a água seque. Sirva com ovo picado por cima e temperinho verde.

🖂 Esta receita é a verdadeira, pois em arroz-de-carreteiro que se preza não vai tomate. O gaúcho só levava no lombo do cavalo arroz, cebola em réstia e charque.

Arroz de china
(6 pessoas)

½kg de arroz
½ xícara de azeite
1kg de lingüiça
1 cebola picada
2 dentes de alho picados
1 colher (chá) de sal
4 xícaras de água quente

Modo de fazer:

Leve ao fogo uma panela com o azeite, deixe esquentar e junte a cebola e o alho, até que fritem bem. Nesse momento, coloque o arroz, frite um pouco e junte a lingüiça cortada em rodelas, friando mais um pouco e mexendo sempre. Adicione o sal e a água quente, dê mais uma mexida e tampe a panela; baixe o fogo e cozinhe até que a água seque. Verifique de vez em quando, para não queimar.

Arroz-de-leite
(4 porções)

2 xícaras de arroz
4 litros de leite
3 gemas
6 colheres (sopa) de açúcar
1 pitada de sal
canela em pó

Modo de fazer:

Numa panela, leve ao fogo o arroz com o leite e a pitada de sal, mexendo sempre até que cozinhe e fique bem cremoso. Faça uma gemada com o açúcar e as gemas, batendo muito bem até que ela fique amarela-clara. Junte-a com o arroz e bata vigorosamente, mas tire a panela do fogo para não talhar. Deixe esfriar e sirva com canela por cima.

Arroz-de-leite tradicional
(14 pessoas)

250g de arroz
3 e ½ litros de leite
1kg de açúcar
canela em pó

Modo de fazer:

Numa panela, leve todos os ingredientes ao fogo, mexendo sempre, por uma hora e meia. Sirva em cremeiras com canela por cima.

Arroz de pato
(8 pessoas)

Para o arroz básico:
½kg de arroz
½ xícara de azeite
3 e ½ xícaras de água
1 colher (chá) de sal

1 pato cortado em pedaços e temperado de um dia para outro (com 1 colher de sopa rasa de sal, 1 colher de sobremesa de pimenta moída, 4 dentes de alho amassados e 1 xícara de vinho tinto)
¼ de xícara de azeite
1 xícara de cebolas liquidificadas
4 dentes de alho
1 xícara de vinho tinto

Modo de fazer:

Leve ao fogo uma panela com o azeite, deixe esquentar e junte a cebola e o alho, mexendo sempre, até que fiquem dourado-escuros. Então junte o pato, reservando o caldo do tempero, e refogue até fritar; quando estiver pegando na panela, adicione o caldo que sobrou e mais uma xícara de vinho. Deixe cozinhar um pouco com a panela tampada e vá acrescentando água o quanto precise para que o pato fique cozido e bem macio. O molho deve ficar bem espesso. Se ficar muito aguado, deixe ferver até que reduza um pouco. Retire o pato da panela, deixe-o esfriar e desfie-o. Depois de desfiado, junte-o ao molho e, enquanto isso, coloque o arroz para cozinhar com as três xícaras e meia de água, conforme a receita básica. Quando o arroz estiver pronto, misture-o com o pato bem aquecido. Mexa bastante para que misturem bem. Sirva em seguida.

Arroz-doce com cerejas
(6 pessoas)

150g de arroz branco
1 litro de leite
1 vagem de baunilha
200g de chantilly
50g de amêndoas moídas
1 vidro pequeno de cerejas

Modo de fazer:

Numa panela, coloque o leite, o arroz e a vagem de baunilha cortada para ferverem, até que o leite seja completamente absorvido. Deixe esfriar e misture o chantilly e as amêndoas moídas. Coloque as cerejas no fundo de tacinhas, com o arroz por cima. Sirva bem gelado.

Arroz espanhol
(6 pessoas)

½kg de arroz basmati ou branco tipo longo
½ xícara de azeite de oliva
½ xícara de cebola ralada ou picadinha
3 dentes de alho picadinhos
1 colher (chá) de sal
1 colher de orégano
1 colher de cominho
3 e ½ xícaras de caldo de galinha
1 abacate bem firme

Modo de fazer:

Numa panela, frite a cebola e o alho com o azeite, até que fiquem levemente dourados. Junte o arroz e o orégano, e por fim o sal e o caldo de galinha. Tampe a panela, abaixe o fogo e, quando a água secar, o arroz cozido. Mexa com o garfo, para soltar bem, e junte o abacate em pedaços, misturando suavemente. Está pronto para servir.

Arroz fantasia

(8 pessoas)

Para a receita básica:
½kg de arroz
½ xícara de azeite
3 e ½ xícaras de água
1 colher (chá) de sal

50g de manteiga
2 colheres (sopa) de pimentão vermelho picado
100g de passas de uvas
150g de ervilhas naturais
150g de batata palha

Modo de fazer:

Cozinhe o arroz conforme a receita básica. Em outra panela, faça um refogado com a manteiga e o pimentão picadinho, deixe fritar um pouco e junte as passas e as ervilhas, mexendo sempre. Cozinhe por mais uns quatro minutos, então junte o arroz, que já deve estar pronto. Misture bem todos os ingredientes e coloque a batata palha, mexendo mais um pouco. Sirva como acompanhamento de carnes em geral.

Arroz frito com carne de siri
(6 pessoas)

2 xícaras de arroz pronto (ou 1 xícara de arroz cru)
3 ovos batidos
200g de carne de siri (uma latinha)
3 colheres (chá) de óleo de gergelim
200g de brotos de feijão
1 colher (sopa) de molho de soja claro
1 colher (sopa) de cebolinhas picadas
sal a gosto

Modo de fazer:

Esta receita é boa para aproveitamento de sobras de arroz. Numa frigideira, misture os ovos batidos com a carne de siri, tempere com sal e faça uma omelete. Quando estiver pronta, tire da frigideira e corte-a em tiras. Numa panela *wok* bem quente, coloque o óleo de gergelim e os brotos de feijão e frite por um minuto. Junte o arroz, mexendo sempre até que frite. Coloque o molho de soja e cozinhe por dois minutos. Acrescente as tiras de omelete e as cebolinhas e cozinhe por mais dois minutos, mexendo delicadamente. Sirva a seguir.

Arroz frito com vegetais

(6 pessoas)

2 xícaras de arroz pronto
2 colheres (sopa) de azeite
2 dentes de alho picadinhos
1 colher (sopa) de gengibre ralado
6 tomates sem semente picados
1 pimentão vermelho em cubos
100g de cogumelos em conserva em fatias
100g de ervilhas naturais
1 pepino japonês em cubos
4 colheres (sopa) de molho de soja

Modo de fazer:

Numa panela *wok*, aqueça o óleo e refogue o gengibre e o alho por um minuto. Depois disso, adicione os tomates, os pimentões e os cogumelos. Junte também as ervilhas e o pepino, refogue por cinco minutos, coloque o molho de soja e o arroz pronto, misture bem e sirva a seguir.

Arroz indonésio
(8 pessoas)

4 xícaras de arroz para culinária tailandesa cozido
6 colheres de óleo de nozes (se não tiver, pode ser qualquer óleo)
½kg de cebolas roxas cortadas em rodelas
4 dentes de alho
1 colher (chá) de gengibre ralado
1 pitada de noz-moscada
1 pitada de pimenta moída na hora

Modo de fazer:

Numa panela *wok* bem aquecida, coloque o óleo e frite bem a cebola, o alho e o gengibre, até que fiquem bem dourados. Nesse momento, junte o arroz, mexendo sempre até que frite. Tempere com a noz-moscada e a pimenta moída na hora. Se precisar, coloque um pouco de sal e sirva bem quente.

Arroz integral com tofu e vegetais

(6 pessoas)

3 xícaras de arroz integral cozido (½kg)
1 litro de água
1 colher (sobremesa) de sal
¼ de xícara de óleo de gergelim
3 dentes de alho picadinhos
1 colher (sopa) de gengibre ralado
200g de *tofu* em cubos
100g de ervilhas naturais
100g de brotos de feijão
200g de cogumelos frescos laminados
100g de cenouras cortadas na diagonal
½ xícara de molho de soja

Modo de fazer:

Cozinhe o arroz integral em um litro de água, bem *al dente,* e reserve. Leve ao fogo numa panela *wok*, deixe aquecer bem e coloque o óleo de gergelim. A seguir, frite os dentes de alho e o gengibre, mexendo sempre. Coloque o *tofu* e frite por uns três minutos, adicione as ervilhas e os brotos de feijão, ainda mexendo. Frite por mais dois minutos, junte as cenouras e a seguir os cogumelos. Cozinhe por mais três minutos e adicione o molho de soja e, a seguir, o arroz já pronto. Mexa bastante até que todos os ingredientes fiquem bem misturados, tempere com sal e sirva.

Arroz no abacaxi
(8 pessoas)

1 abacaxi
3 xícaras de arroz cozido
6 colheres (sopa) de óleo de soja
½ xícara de cebola ralada
1 pimentão vermelho picadinho
300g de presunto cru picado
6 colheres (sopa) de molho de soja

Modo de fazer:

Corte o abacaxi ao meio, retire todo o recheio e pique-o. As duas metades do abacaxi vão servir de prato para o arroz. Numa panela *wok* bem aquecida, coloque o óleo e junte a cebola e o pimentão. Frite por três minutos e adicione o presunto. Frite por mais dois minutos e coloque o arroz e o molho de soja, mexendo sempre. Cozinhe por mais três minutos, junte o miolo do abacaxi picado e frite por mais três minutos. A seguir, coloque tudo dentro das metades do abacaxi e sirva. Fica um prato lindo e muito decorativo.

Arroz selvagem
Receita básica
(4 pessoas)

2 xícaras de arroz selvagem
50g de manteiga
1 colher (café) de sal
1 colher (sopa) de açúcar
6 xícaras de água

Modo de fazer:

Leve ao fogo uma panela, aqueça um pouco e junte a manteiga para derreter. Então coloque o arroz e frite bem, até que os grãos comecem a estalar. Adicione o açúcar e o sal, mexa mais um pouco e junte a água. Misture tudo muito bem, tampe a panela e cozinhe em fogo alto, mexendo de vez em quando, até que a água seque. Este arroz pode ser mexido sem problemas, pois ele fica completamente *al dente*, não gruda. Se quiser que fique mais cozido, é só acrescentar mais água.

Bolinho de arroz
(12 pessoas)

½kg de arroz cozido
¼ de litro de leite
100g de farinha
50g de cebola liquidificada
2 ovos
30g de fermento em pó
25g de açúcar

Modo de fazer:

Misture todos os ingredientes, formando uma massa homogênea. Numa panela com bastante azeite quente, vá colocando colheradas desta massa. Deixe fritar de um lado e depois vire para fritar do outro lado. Cuide para que o azeite não esteja muito quente, pois aí pode dourar demais por fora e por dentro ficar cru. Experimente o primeiro bolinho para depois fritar os outros.

Canja de galinha
(4 pessoas)

1 xícara de arroz cru
2 carcaças de galinha
4 colheres (sopa) de azeite
1 cebola pequena liquidificada (ou picada bem fininha)
½kg de batatas cortadas em cubos
1 colher (sopa) de sal
3 litros de água

Modo de fazer:

Leve ao fogo uma panela de bom tamanho, aqueça o azeite e frite a cebola até que doure, então coloque as carcaças e frite um pouco. Adicione a água, o arroz e as batatas, tempere com o sal e deixe ferver até que o arroz e as batatas cozinhem. Se o caldo ficar muito grosso, coloque um pouco mais de água; se ficar muito ralo, destampe a panela e deixe cozinhar até que fique encorpado.

Risoto – Receita básica
(4 pessoas)

2 xícaras de arroz arbório (300g)
¼ de xícara de azeite de oliva
½ xícara de cebola liquidificada ou picadinha
3 dentes de alho picadinhos ou 1 colher (sobremesa) de pasta de alho
½ xícara de vinho branco ou vermute seco branco
1 litro de caldo de carne, galinha, peixe ou legumes
1 colher (chá) de sal
50g de manteiga
50g de queijo parmesão ralado

Modo de fazer:

Numa panela média e bem grossa, coloque o azeite de oliva, aqueça um pouco e junte a cebola e o alho, deixando cozinhar até que fiquem transparentes. Então junte o arroz e frite bem até que ele fique brilhante e semitransparente: de um a dois minutos. Essa parte é muito importante para um bom risoto, pois o calor e a gordura vão soltar os grãos, dando no final a consistência cremosa. Coloque o vinho e o sal, mexendo sempre, em fogo alto, por mais um a dois minutos. Quando o vinho secar, comece a colocar aos poucos o caldo, ainda mexendo, até que o arroz fique bem cremoso, *al dente*, e bastante úmido. Esse processo deve levar mais ou menos trinta minutos, aí o arroz estará no ponto. Antes de desligar o fogo, e mexendo sempre, coloque a manteiga e o parmesão. Sirva em seguida, pois, como já se disse antes, o risoto não espera por ninguém.

Risoto à milanesa
(6 pessoas)

2 xícaras de arroz arbório
¼ de xícara de azeite de oliva
½ xícara de cebola ralada
3 dentes de alho picadinhos
1 colher (chá) de sal
½ xícara de vinho branco seco
½ litro de água quente para colocar de molho o açafrão
½ litro de caldo de carne
1 colher (cafezinho) de pistilos de açafrão ou
1 pacotinho de paellero
50g de manteiga
1 pitada de pimenta

Modo de fazer:

Coloque o açafrão de molho na água quente. Mexa bem e deixe-o descansar por trinta minutos: a água deve ficar bem amarela. Se for o paellero, basta desmanchá-lo em água morna, na hora. Enquanto isso, leve ao fogo uma panela com o azeite, aqueça um pouco, frite o alho e a cebola. Quando estiverem dourados, coloque o arroz, frite mais um pouco e adicione o vinho, mexendo sempre. Depois que o vinho secar, coloque o caldo do açafrão, mexa até que seque, então comece a adicionar o caldo de carne aos poucos, mexendo sempre, até que termine. Nesse momento, o arroz já deve estar cozido *al dente* e bem amarelo. Coloque a manteiga, a pimenta e o sal. Sirva imediatamente, acompanhando qualquer tipo de carne e com um bom parmesão.

Risoto com açafrão primavera
(6 pessoas)

2 xícaras de arroz arbório
¼ de xícara de azeite de oliva
½ xícara de cebola ralada ou liquidificada
3 dentes de alho
1 colher (chá) de sal
1 litro de caldo da hidratação do açafrão
1 colher (cafezinho) de pistilos de açafrão
½ xícara de vinho branco
100g de tufos de brócolis
100g de cenouras baby
½kg de vagem de ervilha torta
50g de manteiga
50g de queijo parmesão

Modo de fazer:

Prepare o risoto conforme a receita básica, colocando os vegetais cortados em pequenos pedaços junto com o arroz. Daí para a frente siga os procedimentos da receita básica.

Risoto com cogumelos de Paris
(6 pessoas)

2 xícaras de arroz arbório
¼ de xícara de azeite
½ xícara de cebola ralada ou liquidificada
3 dentes de alho picadinhos ou amassados
1 colher (chá) de sal
1 litro de caldo de carne
300g de cogumelos de Paris
50g de manteiga
50g de queijo parmesão ralado

Modo de fazer:

Lave os cogumelos e corte-os em lâminas. Prepare o risoto conforme a receita básica, porém refogando os cogumelos junto com a cebola e o alho.

Risoto com cogumelos e aspargos naturais
(6 pessoas)

2 xícaras de arroz arbório
¼ de xícara de azeite de oliva
½ xícara de cebola ralada ou picada
3 dentes de alho
1 colher (chá) de sal
1 xícara de vinho branco seco ou vermute branco seco
1 litro de caldo de galinha
200g de cogumelos frescos cortados em lâminas
200g de aspargos naturais
50g de manteiga
1 pitada de pimenta moída na hora

Modo de fazer:

Leve ao fogo uma panela com o azeite, aqueça bem e frite a cebola e o alho. Quando estiverem dourados, junte os cogumelos e refogue por mais cinco minutos. Então coloque o arroz, frite mais um pouco, adicione o sal, mexendo sempre, e o vinho. Depois disso, vá colocando o caldo de galinha aos poucos, mexendo sem parar. Quando o caldo terminar, sempre mexendo, junte os aspargos cortados em pedaços e a manteiga, tempere com a pimenta e sirva imediatamente.

Risoto com coração de alcachofra

(6 pessoas)

2 xícaras de arroz arbório
¼ de xícara de azeite de oliva
½ xícara de cebola ralada
3 dentes de alho picadinhos ou esmagados
1 colher (chá) de sal
300g de coração de alcachofras em conserva
½ xícara de vinho branco seco
50g de manteiga
1 pitada de pimenta moída na hora

Modo de fazer:

Prepare o risoto conforme a receita básica, mas coloque a alcachofra para refogar junto com a cebola e o alho.

Risoto com endívias e queijo brie

(6 pessoas)

2 xícaras de arroz arbório
¼ de xícara de azeite de oliva
½ xícara de cebola liquidificada ou ralada
3 dentes de alho picadinhos
½ xícara de vinho branco
1 colher (chá) de sal
1 litro de caldo de galinha
4 endívias
100g de queijo *brie*
1 pitada de pimenta moída na hora
50g de manteiga

Modo de fazer:

Abrir as endívias, lavar, separar umas oito folhas grandes e cortar em tirinhas o restante. Leve ao fogo uma panela com o azeite, deixe aquecer, coloque o alho e a cebola para fritar. Quando estiverem dourados, junte as endívias cortadas em tirinhas e em seguida o arroz, mexendo sempre. Coloque o sal e o vinho branco e depois disso comece a incorporar o caldo de galinha aos poucos, mexendo sempre, até o fim.

Quando o caldo terminar, junte o queijo *brie* em pedaços e a manteiga e mexa mais um pouco até que comece a desmanchar. Tempere com a pimenta. Sirva em seguida, com as folhas inteiras de endívias por cima. Acompanha carnes brancas em geral.

Risoto com espinafre e aspargos frescos
(6 pessoas)

2 xícaras de arroz arbório
¼ de xícara de azeite de oliva
½ xícara de cebola ralada
3 dentes de alho
1 colher (chá) de sal
1 xícara de vinho branco
1 litro de caldo de galinha
1 molho de espinafre
200g de aspargos frescos cortados em pedaços
50g de manteiga
50g de queijo parmesão ralado

Modo de fazer:

Lave o espinafre e tire as folhas, cortando-as em tirinhas. Reserve. A seguir, prepare o risoto conforme a receita básica, juntando o espinafre e os aspargos na hora em que colocar o arroz. Daí para a frente, siga a receita.

Risoto com frutos do mar

(6 pessoas)

1 colher (cafezinho) de pistilos de açafrão ou
1 paellero
1 litro de água quente para colocar o açafrão de molho
2 xícaras de arroz arbório
¼ de xícara de azeite de oliva
100g de manteiga
1/2 xícara de cebola ralada
2 dentes de alho picados
100g de camarões
100g de mexilhões
100g de lulas
1 colher (chá) de sal
sal e pimenta vermelha

Modo de fazer:

Coloque o açafrão de molho no litro de água quente por trinta minutos. A água tem que ficar bem amarela. Se for o paellero, basta dissolvê-lo em água morna, na hora. Enquanto isso, numa panela, coloque 50g de manteiga com o azeite de oliva, deixe esquentar e junte a cebola e o alho para dourar. Depois refogue os frutos do mar por uns cinco minutos, temperando-os com sal e pimenta, e reserve. Os frutos do mar são refogados em separado porque têm um tempo de cozimento menor que o do arroz.

Prepare o risoto conforme a receita básica, utilizando a água do açafrão ou do paellero como caldo. Quando acabar de adicioná-la, junte o refogado dos frutos do mar, mexendo sempre. Misture o restante da manteiga e sirva imediatamente, com um bom vinho branco.

Risoto com funghi *e cogumelos frescos*

(4 pessoas)

2 xícaras de arroz arbório (300g)
300g de cogumelos frescos e fatiados
100 g de *funghi* secos
¼ de xícara de azeite de oliva
½ xícara de cebola liquidificada ou ralada
3 dentes de alho picadinhos ou liquidificados como a cebola
½ xícara de vinho branco ou vermute branco seco
½ litro de caldo de carne
1 colher (chá) de sal
50g de manteiga
50g de queijo parmesão ralado

Modo de fazer:

Lave bem os *funghi* em água corrente antes de colocar a água para hidratá-los. Coloque-os então em um litro de água por umas quatro horas antes de fazer o risoto. Passado esse tempo, junte os *funghi* com sua água ao caldo de carne. Depois disso, leve ao fogo uma panela média e esquente o azeite. Frite a cebola e o alho. Quando estiverem dourados, junte os cogumelos frescos e frite mais um pouco. Então coloque o arroz, frite mais uns três minutos, tempere com o sal, adicione o vinho e vá agregando o caldo com os *funghi* aos poucos, mexendo sempre, até que o arroz esteja cozido e *al dente*. Mexa bem e adicione a manteiga e o queijo ralado. Desligue o fogo e sirva imediatamente.

Risoto com gorgonzola e pistache
(6 pessoas)

2 xícaras de arroz arbório
¼ de xícara de azeite de oliva
½ xícara de cebola picadinha ou ralada
3 dentes de alho picados
1 colher (chá) de sal
½ xícara de vinho branco
1 litro de caldo de carne
100g de queijo gorgonzola em pedaços
100g de pistaches picadinhos
50g de manteiga

Modo de fazer:

Prepare o risoto conforme a receita básica. Quando estiver pronto, em vez do queijo parmesão acrescente o queijo gorgonzola e os pistaches, mexendo muito bem, e por fim a manteiga, e sirva.

Risoto com pêssegos e passas de uvas
(6 pessoas)

2 xícaras de arroz arbório
50g de manteiga
1 colher (cafezinho) de sal
1 lata de pêssegos de 500g
1 xícara de passas de uvas brancas
½ xícara de rum
1 lata de creme de leite
1 litro de calda de pêssego

Modo de fazer:

Abra a lata de pêssegos, escorra o caldo e reserve-o. Corte os pêssegos em cubos e junte água ao caldo de pêssegos até que chegue a um litro. Coloque a manteiga numa panela, leve-a ao fogo até que frite. Nesse momento, junte os pêssegos e as passas de uvas, mexendo sempre, por alguns minutos. Então, junte o arroz, frite por mais dois minutos, tempere com o sal e adicione o rum. Comece a incorporar aos poucos, mexendo sempre, o caldo dos pêssegos. Quando o caldo terminar, o arroz estará cozido. Coloque o creme de leite, misture bem e sirva em seguida. Este risoto é servido com carnes que pedem acompanhamento adocicado.

Risoto com pimenta rosa
(6 pessoas)

2 xícaras de arroz arbório
¼ de xícara de azeite de oliva
½ xícara de cebola picada
½ xícara de vinho do porto
1 colher (chá) de sal
1 litro de caldo de carne
2 colheres (sopa) de pimenta rosa
1 xícara de nata fresca

Modo de fazer:

Prepare o risoto conforme a receita básica, adicionando a pimenta junto com o arroz. Quando o risoto estiver pronto, adicione a nata, em vez da manteiga e do parmesão da receita básica, mexa por mais um minuto e sirva. Este prato é muito aromático e um pouco picante. A pimenta rosa é mais aromática do que forte.

Risoto com presunto cru e ervilhas naturais

(6 pessoas)

2 xícaras de arroz arbório
¼ de xícara de azeite
½ xícara de cebola ralada
3 dentes de alho picadinhos
1 colher (chá) de sal
1 xícara de vinho branco
1 litro de caldo de carne
300g de presunto cru cortado em tiras
1 xícara de ervilhas naturais
50g de manteiga
50g de queijo parmesão ralado

Modo de fazer:

Numa panela, leve ao fogo o azeite, deixe aquecer bem e junte a cebola e o alho. Quando estiverem levemente dourados, coloque o presunto e as ervilhas, refogue bem, depois adicione o arroz, frite por mais três minutos, junte o sal e o vinho, mexendo sempre. Comece então a incorporar aos poucos o caldo de carne, sempre mexendo. Quando o caldo terminar, o arroz estará pronto. Coloque a manteiga e o queijo, misture tudo muito bem e sirva imediatamente.

Risoto com quatro queijos
(6 pessoas)

2 xícaras de arroz arbório
¼ de xícara de azeite de oliva
½ xícara de cebola ralada ou picadinha
3 dentes de alho
1 colher (chá) de sal
½ xícara de vinho branco seco
1 litro de caldo de carne
50g de queijo fontina
50g de queijo gorgonzola
50g de queijo pecorino
50g de queijo parmesão
1 pitada de pimenta preta moída na hora

Modo de fazer:

Leve ao fogo uma panela com o azeite de oliva, aqueça um pouco e frite a cebola e o alho. Quando estiverem dourados, junte o arroz e frite mais um pouco. Neste momento, tempere com o sal, adicione o vinho, mexendo sempre, e vá colocando o caldo de carne aos poucos, até que ele termine, sem parar de mexer. Junte os queijos em pedaços e mexa até que eles derretam. Tempere com a pimenta e sirva imediatamente.

Risoto de abobrinha
(4 pessoas)

2 xícaras de arroz arbório
½ xícara de cebola ralada ou picadinha
3 dentes de alho picadinhos
¼ de xícara de azeite de oliva ou qualquer outro
1 litro de caldo de carne
3 abobrinhas cortadas ao comprido bem finas
½ xícara de vinho marsala
1 colher de vinagre balsâmico
1 colher (chá) de sal
1 pitada de pimenta preta moída na hora
50g de manteiga
queijo parmesão ralado na hora

Modo de fazer:

Numa panela média, leve ao fogo o azeite, aqueça um pouco e junte a cebola e o alho, deixando dourar. Adicione a abobrinha, refogue por uns três minutos e adicione o arroz, fritando mais um pouco. Coloque o vinho marsala e o vinagre. Quando o vinho secar, coloque o sal e, mexendo sempre, comece a incorporar aos poucos o caldo de carne. Quando o caldo terminar, o risoto estará pronto. Tempere-o com a pimenta. O risoto deve ficar bem úmido e *al dente*. Nesse momento, coloque a manteiga, mexa bem e sirva imediatamente, acompanhado do queijo parmesão.

Risoto de açafrão com vieiras
(6 pessoas)

2 xícaras de arroz arbório
¼ de xícara de azeite de oliva
½ xícara de cebola ralada ou liquidificada
3 dentes de alho picadinhos ou amassados
½ xícara de vinho branco seco
1 colher (cafezinho) de pistilos de açafrão ou 1 pacotinho de paellero
1 litro de água para colocar de molho o açafrão
50g de manteiga
½kg de vieiras temperadas previamente
1 colher (chá) de sal
queijo parmesão ralado na hora

Modo de fazer:

Prepare o risoto como a receita básica, mas, em vez do caldo de legumes, utilize a água onde o açafrão ficou previamente de molho por trinta minutos. Se for o paellero, basta dissolvê-lo em água morna, na hora. No final, junte as vieiras temperadas com sal e pimenta, mexendo sempre. Cozinhe por mais três minutos, coloque a manteiga e sirva com um bom parmesão.

Risoto de camarões
(6 pessoas)

2 xícaras de arroz arbório
¼ de xícara de azeite de oliva
½ xícara de cebola ralada
3 dentes de alho picadinhos ou amassados
1 colher (chá) de sal
1 litro de água quente para colocar de molho o açafrão
1 colher (cafezinho) de pistilos de açafrão ou paellero
½ xícara de vinho branco seco
½kg de camarões médios
100g de manteiga
2 dentes de alho
½ xícara de cebola ralada
sal e pimenta vermelha (tabasco)

Modo de fazer:

Antes de mais nada, coloque os pistilos de molho em um litro de água quente por trinta minutos, para fazer o caldo de açafrão. Se for o paellero, basta desmanchá-lo em água morna. Ele é mais barato e mais prático que o açafrão. A água deve ficar amarela. Enquanto isso, refogue rapidamente os camarões com 50g de manteiga, a cebola e o alho e reserve. Prepare o risoto conforme a receita básica, utilizando a água do açafrão como caldo. Quando acabar de colocar o caldo, adicione os camarões refogados. Mexa por uns três minutos, misturando tudo muito bem. Coloque o restante da manteiga e a pimenta e sirva imediatamente, com o risoto bem úmido.

Risoto de coco

(6 pessoas)

2 xícaras de arroz arbório
¼ de xícara de azeite de oliva
¼ de xícara de cebola picada ou ralada
3 dentes de alho picadinho
1 colher (chá) de sal
500ml de leite de coco
500ml de água
50g de manteiga

Modo de fazer:

Misture o leite de coco com a água. A seguir, leve ao fogo uma panela com o azeite, aqueça, frite a cebola e o alho, junte o arroz, frite por três minutos e comece a incorporar o caldo de coco aos poucos, mexendo sem parar, até que o caldo termine. Nesse momento, coloque a manteiga, mexa mais um pouco e sirva acompanhando vatapá, moquecas ou comidas tailandesas.

Risoto de cogumelos shitake e shimeji
(6 pessoas)

2 xícaras de arroz arbório
¼ de xícara de azeite de oliva
½ xícara de cebola picadinha ou ralada
3 dentes de alho amassados ou picados
1 colher (chá) de sal
½ xícara de vinho branco ou vermute branco
1 litro de caldo de carne ou de legumes
200g de cogumelos *shitake*
200g de cogumelos *shimeji*
50g de manteiga
1 pitada de pimenta moída na hora
queijo parmesão

Modo de fazer:

Corte os cogumelos em lâminas. Leve ao fogo uma panela com o azeite de oliva, deixe aquecer e coloque a cebola e o alho para dourar. Quando estiverem bem dourados, acrescente os cogumelos e refogue por uns quatro minutos. Depois disso, junte o arroz, frite mais um pouco, coloque o vinho ou o vermute, mexendo sempre até que seque. Daí por diante, vá colocando o caldo de carne ou de legumes aos poucos, sem parar de mexer. Quando o caldo terminar, o risoto estará pronto. Então acrescente a manteiga e a pimenta e mexa mais um pouco. Não deixe o risoto secar, ele deve ficar bem úmido. Sirva com um bom queijo parmesão ralado.

Risoto de galinha
(8 pessoas)

Para o arroz básico:
½kg de arroz
½ xícara de azeite
3 e ½ xícaras de água
1 colher (chá) de sal

1 galinha
1 xícara de cebola liquidificada
1 xícara de polpa de tomates
300g de ervilhas naturais (as congeladas também são ótimas)
1 colher (sopa) de manteiga
sal e pimenta a gosto

Modo de fazer:

Cozinhe a galinha e desfie-a. Depois disso, refogue-a com a cebola e as polpas de tomate, acrescentando as ervilhas. Tempere bem com sal e pimenta. Coloque o arroz para cozinhar seguindo o procedimento da receita básica. Quando estiver pronto, misture-o com a galinha bem quente, junte uma colher (sopa) de manteiga e sirva.

Risoto de *gruyère* e queijo parmesão
(6 pessoas)

2 xícaras de arroz arbório
¼ de xícara de azeite de oliva
½ xícara de cebola ralada ou liquidificada
3 dentes de alho picadinhos
1 colher (chá) de sal
½ xícara de vinho branco seco
1 litro de caldo de carne
100g de queijo parmesão ralado
100g de queijo *gruyère* em lascas
50g de manteiga

Modo de fazer:

Prepare o risoto conforme a receita básica, adicionando os queijos no final. Mexa um pouco e sirva quando os queijos começarem a derreter.

Risoto de laranja e cogumelos secos

(6 pessoas)

2 xícaras de arroz arbório
¼ de xícara de azeite de oliva
½ xícara de cebola ralada
1 colher (chá) de sal
1 xícara de vinho branco
1 litro da água onde os cogumelos ficaram de molho
100g de cogumelos secos
½ xícara de suco de laranja
raspa da casca de uma laranja
50g de manteiga
50g de queijo parmesão ralado na hora

Modo de fazer:

Lave bem os cogumelos em água corrente e coloque-os de molho em um litro de água por quatro horas. Depois disso, prepare o risoto conforme a receita básica, colocando os cogumelos junto com o arroz, e siga cozinhando o arroz com o litro da água onde os cogumelos foram hidratados. Quando o líquido acabar, mexendo sempre, junte o suco da laranja, a raspa, a manteiga e o queijo parmesão. Sirva imediatamente.

Risoto de limão
(6 pessoas)

2 xícaras de arroz arbório
¼ de xícara de azeite de oliva
½ xícara de cebola ralada ou liquidificada
3 dentes de alho
1 colher (chá) de sal
½ xícara de vinho
1 colher (sopa) de raspa de casca de limão
1 galho de hortelã fresca
1 galho de manjericão fresco
4 colheres de suco de limão
1 litro de caldo de galinha
50g de manteiga
50g de queijo parmesão ralado

Modo de fazer:

Prepare o risoto conforme a receita básica. Quando estiver pronto, tire do fogo e junte a manteiga, o queijo parmesão ralado na hora, o suco e as raspas de limão, as folhas de manjericão e de hortelã, misture tudo muito bem e sirva imediatamente. Fica ótimo para acompanhar peixes e carnes brancas em geral.

Risoto de maracujá e aipo
(6 pessoas)

2 xícaras de arroz arbório
50g de manteiga
½ xícara de cebola ralada
½ xícara de vinho branco
500ml de suco de maracujá
500ml de água
1 xícara de talos de aipo cortados
1 colher (cafezinho) de sal
1 colher (sopa) de açúcar
1 colher (sopa) de manteiga

Modo de fazer:

Misture a água com o suco de maracujá e a seguir prepare o risoto conforme a receita básica, usando o suco de maracujá como caldo para cozinhar o arroz, o aipo e a manteiga. Quando o risoto estiver cozido, adicione a manteiga para dar um brilho. Sirva imediatamente. Este risoto é ótimo acompanhamento para carnes brancas.

Risoto de tomates com queijo parmesão
(6 pessoas)

2 xícaras de arroz arbório
¼ de xícara de azeite de oliva
½ xícara de cebola ralada ou liquidificada
3 dentes de alho
1 galho de manjericão fresco
1 colher (chá) de sal
½ litro de caldo de legumes ou galinha
½ litro de suco de tomates
½ xícara de vermute branco seco
1 colher (chá) de sal
50g de manteiga
50g de queijo parmesão ralado na hora

Modo de fazer:

Misture o suco de tomates com o caldo de legumes. Prepare o risoto conforme a receita básica, utilizando como caldo a mistura acima.

Risoto de tomates secos e mozarela
(6 pessoas)

2 xícaras de arroz arbório
¼ de xícara de azeite de oliva
½ xícara de cebola picada ou ralada
3 dentes de alho picadinhos
1 colher (chá) de sal
200g de tomates secos
100g de queijo mozarela ralado grande
1 litro de caldo de carne
1 xícara de vinho branco
1 pitada de pimenta moída na hora

Modo de fazer:

Inicie o preparo do risoto conforme a receita básica. Depois de fritar o arroz, junte os tomates secos escorridos e o vinho, mexendo sempre. Então vá adicionando o caldo aos poucos, até terminar. Por fim, tempere com a pimenta e o sal e coloque o queijo mozarela. Misture bem até que o queijo comece a derreter. Sirva imediatamente.

Risoto de uvas brancas

(6 pessoas)

½kg de arroz arbório
½ xícara de azeite de oliva
½ xícara de cebola liquidificada
1 dente de alho amassado
1 xícara de vinho branco
1 litro de água
2 envelopes de suco *Clight* de uva branca
½kg de uvas brancas
100g de parmesão
100g de manteiga
1 colher (chá) de sal

Modo de fazer:

Dissolva os envelopes de suco no litro de água para fazer o caldo. Prepare o risoto como a receita básica e no fim junte as uvas partidas ao meio e sem sementes, a manteiga e o parmesão, misturando bem. Sirva com filé ao molho de vinho tinto.

Risoto parmigiano
(6 pessoas)

2 xícaras de arroz arbório
¼ de xícara de azeite de oliva
½ xícara de cebola ralada ou liquidificada
3 dentes de alho picadinhos
1 litro de água quente para colocar o açafrão de molho
1 colher de cafezinho de pistilos de açafrão
½ xícara de vinho branco
1 colher (chá) de sal
50g de manteiga
150g de lascas de um bom queijo parmesão

Modo de fazer:

Coloque os pistilos de molho na água quente meia hora antes de começar a fazer o risoto. Prepare o risoto como a receita básica, utilizando a água do açafrão como caldo. No fim, coloque as lascas de queijo parmesão, mexa bem, acrescente a manteiga e sirva.

Risoto primavera
(4 pessoas)

2 xícaras de arroz arbório ou *carnaroli*
½ xícara de cebola picada ou ralada
3 dentes de alho picadinho
¼ de xícara de azeite
½ xícara de vinho branco
1 litro de caldo de galinha
1 xícara de cenoura em cubos crua
1 xícara de ervilhas naturais
1 pimentão vermelho cortado em tirinhas finas
50g de manteiga
1 pitada de pimenta
1 colher (chá) de sal
100g de queijo parmesão ralado

Modo de fazer:

Numa panela média, coloque o azeite, leve ao fogo e aqueça bem. Depois adicione a cebola e o alho e frite até que fiquem levemente dourados. Junte os vegetais, frite mais um pouco e coloque o arroz, mexendo sempre. Frite por mais dois minutos, tempere com o sal, e então comece a agregar o caldo de galinha. Quando o caldo terminar, coloque a manteiga, mexa mais um pouco, adicione a pimenta, misture o queijo ralado e sirva imediatamente.

Salada de arroz Jasmine
(10 pessoas)

½kg de arroz Jasmine
100g de manteiga
1 lata de abacaxi em calda
1 colher (sobremesa) de sal
150g de amêndoas
150g de pistache
1 garrafinha de leite de coco

Modo de fazer:

Frite o arroz com a manteiga. Coloque então a calda do abacaxi (misturada com água até formar um litro) e deixe secar para cozinhar. Junte o arroz ainda quente, o pistache torrado e sem casca, o abacaxi picado, as amêndoas e o leite de coco. Misture bem e sirva acompanhando carnes como frango, peixe, porco e vitela.

Salada de arroz selvagem
(10 pessoas)

½kg de arroz selvagem (cozido como na receita básica)
200g de passas de uvas brancas
100g de amêndoas picadas
1 xícara de aipo picadinho
½ xícara de vinagre balsâmico
½ xícara de azeite de oliva
200g de damascos picados
1 colher (chá) de canela em pó

Modo de fazer:

Cozinhe o arroz e misture-o com todos os ingredientes. Sirva como entrada, com rúcula ou alface americana.

Coleção **L&PM** POCKET

1.**Catálogo geral da Coleção**
2.**Poesias** – Fernando Pessoa
3.**O livro dos sonetos** – org. Sergio Faraco
4.**Hamlet** – Shakespeare/ trad. Millôr
5.**Isadora, fragmentos autobiográficos** – Isadora Duncan
6.**Histórias sicilianas** – G. Lampedusa
7.**O relato de Arthur Gordon Pym** – Edgar A. Poe
8.**A mulher mais linda da cidade** – Charles Bukowski
9.**O fim de Montezuma** – Hernan Cortez
10.**A ninfomania** – D. T. Bienville
11.**As aventuras de Robinson Crusoé** – Daniel Defoe
12.**Histórias de amor** – A. Bioy Casares
13.**Armadilha mortal** – Roberto Arlt
14.**Contos de fantasmas** – Daniel Defoe
15.**Os pintores cubistas** – G. Apollinaire
16.**A morte de Ivan Ilitch** – L.Tolstoi
17.**A desobediência civil** – D. H. Thoreau
18.**Liberdade, liberdade** – Flávio Rangel e Millôr Fernandes
19.**Cem sonetos de amor** – Pablo Neruda
20.**Mulheres** – Eduardo Galeano
21.**Cartas a Théo** – Van Gogh
22.**Don Juan** – Molière – Trad. Millôr Fernandes
24.**Horla** – Guy de Maupassant
25.**O caso de Charles Dexter Ward** – H. P. Lovecraft
26.**Vathek** – William Beckford
27.**Hai-Kais** – Millôr Fernandes
28.**Adeus, minha adorada** – Raymond Chandler
29.**Cartas portuguesas** – Mariana Alcoforado
30.**A mensageira das violetas** – Sonetos – Florbela Espanca
31.**Espumas flutuantes** – Castro Alves
32.**Dom Casmurro** – Machado de Assis
34.**Alves & Cia.** – Eça de Queiroz
35.**Uma temporada no inferno** – A. Rimbaud
36.**A correspondência de Fradique Mendes** – Eça de Queiroz
38.**Antologia poética** – Olavo Bilac
39.**Rei Lear** – **W. Shakespeare** – Trad. de Millôr Fernandes
40.**Memórias póstumas de Brás Cubas** – Machado de Assis
41.**Que loucura!** – Woody Allen
42.**O duelo** – Casanova
44.**Gentidades** – Darcy Ribeiro
45.**Memórias de um Sarg. de Milícias** – Manuel A. de Almeida
46.**Os escravos** – Castro Alves
47.**O desejo pego pelo rabo** – Pablo Picasso
48.**Os inimigos** – Máximo Gorki
49.**O colar de veludo** – Alexandre Dumas
50.**Livro dos bichos** – Org. de Sergio Faraco
51.**Quincas Borba** – Machado de Assis
53.**O exército de um homem só** – Moacyr Scliar
54.**Frankenstein** – Mary Shelley
55.**Dom Segundo Sombra** – Ricardo Güiraldes
56.**De vagões e vagabundos** – Jack London
57.**O homem bicentenário** – Isaac Asimov
58.**A viuvinha** – José de Alencar
59.**Livro das cortesãs** – Org. de Sergio Faraco
60.**Últimos poemas** – Pablo Neruda
61.**A moreninha** – Joaquim Manuel de Macedo
62.**Cinco minutos** – José de Alencar
63.**Saber envelhecer e a amizade** – Cícero
64.**Enquanto a noite não chega** – Josué Guimarães
65.**Tufão** – Joseph Conrad
66.**Aurélia** – Gérard de Nerval
67.**I-Juca-Pirama** – Gonçalves Dias
68.**Fábulas de Esopo**
69.**Teresa Filósofa** – Anônimo do Séc. XVIII
70.**Aventuras inéditas de Sherlock Holmes** – A. C. Doyle
71.**Antologia poética** – Mario Quintana
72.**Antes e depois** – Paul Gauguin
73.**A morte de Olivier Bécaille** – Émile Zola
74.**Iracema** – José de Alencar
75.**Iaiá Garcia** – Machado de Assis
76.**Utopia** – Tomás Morus
77.**Sonetos para amar o amor** – Camões
78.**Carmem** – Prosper Mérimée
79.**Senhora** – José de Alencar
80.**Hagar, o horrível 1** – Dik Browne
81.**O coração das trevas** – Joseph Conrad
82.**Um estudo em vermelho** – Conan Doyle
83.**Todos os sonetos** – Augusto dos Anjos
84.**A propriedade é um roubo** – P.-J. Proudhon
85.**Drácula** – Bram Stoker
86.**O marido complacente** – Sade
87.**De profundis** – Oscar Wilde
88.**Sem plumas** – Woody Allen
89.**Os bruzundangas** – Lima Barreto
90.**O cão dos Baskervilles** – Conan Doyle
91.**Paraísos artificiais** – Charles Baudelaire

92.**Cândido, ou o otimismo** – Voltaire
93.**Triste fim de Policarpo Quaresma** – Lima Barreto
94.**Amor de perdição** – Camilo Castelo Branco
95.**Megera domada** – Shakespeare/Millôr
96.**O mulato** – Aluísio Azevedo
97.**O alienista** – Machado de Assis
98.**O livro dos sonhos** – Jack Kerouac
99.**Noite na taverna** – Álvares de Azevedo
100.**Aura** – Carlos Fuentes
102.**Contos gauchescos e lendas do sul** – Simões Lopes Neto
103.**O cortiço** – Aluísio Azevedo
104.**Marília de Dirceu** – Tomás Antônio Gonzaga
105.**O Primo Basílio** – Eça de Queiroz
106.**O ateneu** – Raul Pompéia
107.**Um escândalo na Boêmia** – Conan Doyle
108.**Contos** – Machado de Assis
109.**200 Sonetos** – Luis Vaz de Camões
110.**O príncipe** – Maquiavel
111.**A escrava Isaura** – Bernardo Guimarães
112.**O solteirão nobre** – Conan Doyle
114.**Shakespeare de A a Z** – W. Shakespeare
115.**A relíquia** – Eça de Queiroz
117.**O livro do corpo** – Vários (org. de Sergio Faraco)
118.**Lira dos 20 anos** – Álvares de Azevedo
119.**Esaú e Jacó** – Machado de Assis
120.**A barcarola** – Pablo Neruda
121.**Os conquistadores** – Júlio Verne
122.**Contos breves** – G. Apollinaire
123.**Taipi** – Herman Melville
124.**Livro dos desaforos** – Org. de S. Faraco
125.**A mão e a luva** – Machado de Assis
126.**Doutor Miragem** – Moacyr Scliar
127.**O penitente** – Isaac B. Singer
128.**Diários da descoberta da América** – Cristóvão Colombo
129.**Édipo Rei** – Sófocles
130.**Romeu e Julieta** – William Shakespeare
131.**Hollywood** – Charles Bukowski
132.**Billy the Kid** – Pat Garrett
133.**Cuca fundida** – Woody Allen
134.**O jogador** – Dostoiévski
135.**O livro da selva** – Rudyard Kipling
136.**O vale do terror** – Conan Doyle
137.**Dançar tango em Porto Alegre** – Sergio Faraco
138.**O gaúcho** – Carlos Reverbel
139.**A volta ao mundo em oitenta dias** – Júlio Verne
140.**O livro dos esnobes** – W. M. Thackeray
141.**Amor & morte em Poodle Springs** – Raymond Chandler & R. Parker
142.**As aventuras de David Balfour** – Robert L. Stevenson
143.**Alice no País das Maravilhas** – Lewis Carroll
144.**A ressurreição** – Machado de Assis
145.**Inimigos, uma história de amor** – Isaac. B. Singer
146.**O Guarani** – José de Alencar
147.**Cidade e as serras** – Eça de Queiroz
148. **Eu e outras poesias** – Augusto dos Anjos
149.**A mulher de trinta anos** – Balzac
150.**Pomba enamorada e outros contos** – Lygia Fagundes Telles
151.**Contos fluminenses** – Machado de Assis
152.**Antes de Adão** – Jack London
153.**Intervalo amoroso** – Affonso Romano de Sant'Anna
154.**Memorial de Aires** – Machado de Assis
155.**Naufrágios e comentários** – Álvar Nuñes Cabeza de Vaca
156.**Ubirajara** – José de Alencar
157.**Textos anarquistas** – Bakunin
158.**O pirotécnico Zacarias** – Murilo Rubião
159.**Amor de salvação** – Camilo Castelo Branco
160.**O gaúcho** – José de Alencar
161.**O Livro das maravilhas** – Marco Polo
162.**Inocência** – Visconde de Taunay
163.**Helena** – Machado de Assis
164.**Uma estação de amor** – Horácio Quiroga
165.**Poesia reunida** – Martha Medeiros
166.**Memórias de Sherlock Holmes** – Sir Arthur Conan Doyle
167.**A vida de Mozart** – Stendhal
168.**O primeiro terço** – Neal Cassady
169.**O mandarim** – Eça de Queiroz
170.**Um espinho de marfim** – Marina Colasanti
171.**A ilustre Casa de Ramires** – Eça de Queiroz
172.**Lucíola** – José de Alencar
173.**Antígona** – Sófocles – trad. Donaldo Schüler
174.**Otelo** – William Shakespeare
175.**Antologia** – Gregório de Matos
176.**A liberdade de imprensa** – Karl Marx
177.**Casa de pensão** – Aluísio Azevedo
178.**São Manuel Bueno, Mártir** – Miguel de Unamuno
179.**Primaveras** – Casimiro de Abreu
180.**O noviço** – Martins Pena
181.**O sertanejo** – José de Alencar
182.**Eurico, o presbítero** – Alexandre Herculano

183.**O signo dos quatro** – Conan Doyle
184.**Sete anos no Tibet** – Heinrich Harrer
185.**Vagamundo** – Eduardo Galeano
186.**De repente acidentes** – Carl Solomon
187.**As minas de Salomão** – Rider Haggar (trad. de Eça de Queiroz)
188.**Uivo** – Allen Ginsberg
189.**A ciclista solitária** – Conan Doyle
190.**Os seis bustos de Napoleão** – Sir Arthur Conan Doyle
191.**Cortejo do divino** – Nelida Piñon
192.**Cassino Royale** – Ian Fleming
193.**Viva e deixe morrer** – Ian Fleming
194.**Os crimes do amor** – Marques de Sade
195.**Besame Mucho** – Mário Prata
196.**Tuareg** – Alberto Vásquez-Figueroa
197.**O longo adeus** – Raymond Chandler
198.**Os diamantes são eternos** – Ian Fleming
199.**Notas de um velho safado** – Charles Bukowski
200.**111 ais** – Dalton Trevisan
201.**O nariz** *seguido de* **Diário de um louco** – Nicolai Gogol
202.**O capote** *seguido de* **O retrato** – Nicolai Gogol
203.**Macbeth** – William Shakespeare
204.**Heráclito** – Donaldo Schüler
205.**Você deve desistir, Osvaldo** – Cyro Martins
206.**Memórias de Garibaldi** – Alexandre Dumas
207.**A arte da guerra** – Sun Tzu
208.**Fragmentos** – Caio Fernando Abreu
209.**Festa no castelo** – Moacyr Scliar
210.**O grande deflorador** – Dalton Trevisan
211.**Corto Maltese na Etiópia** – Hugo Pratt
212.**Homem do princípio ao fim** – Millôr Fernandes
213.**Aline e seus dois namorados** – Adão Iturrusgarai
214.**A juba do leão** – Sir Arthur Conan Doyle
215.**Assassino metido a esperto** – Raymond Chandler
216.**Confissões de um comedor de ópio** – Thomas De Quincey
217.**Os sofrimentos do jovem Werther** – J. Wolfgang Goethe
218.**Fedra** – Racine – Trad. Millôr Fernandes
219.**O vampiro de Sussex** – Conan Doyle
220.**Sonho de uma noite de verão** –William Shakespeare
221.**Dias e noites de amor e de guerra** – Eduardo Galeano
222.**O Profeta** – Khalil Gibran
223.**Flávia, cabeça, tronco e membros** – Millôr Fernandes
224.**Guia da ópera** – Jeanne Suhamy
225.**Macário** – Álvares de Azevedo
226.**Etiqueta na Prática** – Celia Ribeiro
227.**Manifesto do partido comunista** – Marx & Engels
228.**Poemas** – Millôr Fernandes
229.**Um inimigo do povo** – Henrik Ibsen
230.**O paraíso destruído** – Frei Bartolomé de las Casas
231.**O gato no escuro** – Josué Guimarães
232.**O mágico de Oz** – L. Frank Baum
233.**Armas no Cyrano's** – Raymond Chandler
234.**Max e os felinos** – Moacyr Scliar
235.**Nos céus de Paris** – Alcy Cheuiche
236.**Os bandoleiros** – Schiller
237.**A primeira coisa que eu botei na boca** – Deonísio da Silva
238.**As aventuras de Simbad, o marújo**
239.**O retrato de Dorian Gray** – Oscar Wilde
240.**A carteira de meu tio** – Joaquim Manuel de Macedo
241.**A luneta mágica** – Joaquim Manuel de Macedo
242.**A metamorfose** *seguido de* **O veredicto** – Kafka
243.**A flecha de ouro** – Joseph Conrad
244.**A ilha do tesouro** – R. L. Stevenson
245.**Marx - Vida & Obra** – José A. Giannotti
246.**Gênesis**
247.**Unidos para sempre** – Ruth Rendell
248.**A arte de amar** – Ovídio
249.**O sono eterno** – Raymond Chandler
250.**Novas receitas do Anonymus Gourmet** – J. A. Pinheiro Machado
251.**A nova catacumba** – Conan Doyle
252.**O Dr. Negro** – Sir Arthur Conan Doyle
253.**Os voluntários** – Moacyr Scliar
254.**A bela adormecida** e outras histórias – Irmãos Grimm
255.**O príncipe sapo** e outras histórias – Irmãos Grimm
256.**Confissões** *e* **Memórias** – H. Heine
257.**Viva o Alegrete** – Sergio Faraco
258.**Vou estar esperando** – R. Chandler
259.**A senhora Beate e seu filho** – Arthur Schnitzler
260.**O ovo apunhalado** – Caio Fernando Abreu
261.**O ciclo das águas** – Moacyr Scliar
262.**Millôr Definitivo** – Millôr Fernandes
263.**O foguete da morte** – Ian Fleming
264.**Viagem ao centro da terra** – Júlio Verne

265.**A dama do lago** – Raymond Chandler
266.**Caninos brancos** – Jack London
267.**O médico e o monstro** – R. L. Stevenson
268.**A tempestade** – William Shakespeare
269.**Assassinatos na rua Morgue e outras histórias** – Edgar Allan Poe
270.**99 corruíras nanicas** – Dalton Trevisan
271.**Broquéis** – Cruz e Sousa
272.**Mês de cães danados** – Moacyr Scliar
273.**Anarquistas – vol. 1 – A idéia** – George Woodcock
274.**Anarquistas – vol. 2 – O movimento** – George Woodcock
275.**Pai e filho, filho e pai** – Moacyr Scliar
276.**As aventuras de Tom Sawyer** – Mark Twain
277.**Muito barulho por nada** – William Shakespeare
278.**Elogio à Loucura** – Erasmo
279.**Autobiografia de Alice B. Toklas** – Gertrude Stein
280.**O chamado da floresta** – Jack London
281.**Uma agulha para o diabo** – Ruth Rendell
282.**Verdes vales do fim do mundo** – Antonio Bivar
283.**Ovelhas negras** – Caio Fernando Abreu
284.**O fantasma de Canterville** – O. Wilde
285.**Receitas de Yayá Ribeiro** – Celia Ribeiro
286.**A galinha degolada** – Horácio Quiroga
287.**O último adeus de Sherlock Holmes** – Arthur Conan Doyle
288.**A. Gourmet *em* Histórias de cama & mesa** – J. A. Pinheiro Machado
289.**Topless** – Martha Medeiros
290.**Mais receitas do Anonymus Gourmet** – J. A. Pinheiro Machado
291.**Origens do discurso democrático** – Donaldo Schüler
292.**Humor politicamente incorreto** – Nani
293.**O teatro do bem e do mal** – Eduardo Galeano
294.**Garibaldi & Manoela** – Josué Guimarães
295.**10 dias que abalaram o mundo** – John Reed
296.**Numa fria** – Charles Bukowski
297.**Poesia de Florbela Espanca** vol. 1
298.**Poesia de Florbela Espanca** vol. 2
299.**Escreva certo** – Édison de Oliveira e Maria Elyse Bernd
300.**O vermelho e o negro** – Stendhal
301.**Ecce homo** – Friedrich Nietzsche
302.**Comer bem, sem culpa** – Dr. Fernando Lucchese, A. Gourmet e Iotti
303.**O livro de Cesário Verde** – Cesário Verde
304.**O reino das cebolas** – Cintia Moscovich
305.**100 receitas de macarrão** – S. Lancellotti
306.**160 receitas de molhos** – S. Lancellotti
307.**100 receitas light** – Helena e Ângela Tonetto
308.**100 receitas de sobremesas** – Celia Ribeiro
309.**Mais de 100 dicas de churrasco** – Leon Diziekaniak
310.**100 receitas de acompanhamentos** – Carmen Cabeda
311.**Honra ou vendetta** – Sílvio Lancellotti
312.**A alma do homem sob o socialismo** – Oscar Wilde
313.**Tudo sobre Yôga** – Mestre De Rose
314.**Os varões assinalados** – Tabajara Ruas
315.**Édipo em Colono** – Sófocles
316.**Lisístrata** – Aristófanes/ trad. Millôr
317.**Sonhos de Bunker Hill** – John Fante
318.**Os deuses de Raquel** – Moacyr Scliar
319.**O colosso de Marússia** – Henry Miller
320.**As eruditas** – Molière/ trad. Millôr
321.**Radicci 1** – Iotti
322.**Os Sete contra Tebas** – Ésquilo
323.**Brasil Terra à Vista** – Eduardo Bueno
324.**Radicci 2** – Iotti
325.**Júlio César** – William Shakespeare
326.**A carta de Pero Vaz de Caminha** – Silvio Castro
327.**Cozinha Clássica** – Sílvio Lancellotti
328.**Madame Bovary** – Gustave Flaubert
329.**Dicionário do viajante insólito** – Moacyr Scliar
330.**O capitão saiu para o almoço...** – Charles Bukowski
331.**A carta roubada e outras histórias de crime & mistério** – Edgar Allan Poe
332.**É tarde para saber** – Josué Guimarães
333.**O livro de bolso da Astrologia** – Maggy Harrissonx e Mellina Li
334.**1933 foi um ano ruim** – John Fante
335.**100 receitas de arroz** – Aninha Comas

Coleção L&PM POCKET / SAÚDE

1.**Pílulas para viver melhor** – Dr. Fernando Lucchese
2.**Pílulas para prolongar a juventude** – Dr. Fernando Lucchese
3.**Desembarcando o Diabetes** – Dr. Fernando Lucchese

IMPRESSÃO:

GRÁFICA EDITORA
Pallotti
IMAGEM DE QUALIDADE

Santa Maria - RS - Fone/Fax: (55) 222.3050
www.pallotti.com.br
Com filmes fornecidos.